☐ Service

Leserforum

Die Meinung unserer Leserinnen und Leser ist wichtig, daher freuen wir uns von Ihnen zu hören. Wenn Ihnen dieser Reiseführer gefällt, wenn Sie Hinweise zu den Inhalten haben – Ergänzungs- und Verbesserungsvorschläge, Tipps und Korrekturen – dann kontaktieren Sie uns bitte:

**Redaktion ADAC Reiseführer
ADAC Verlag GmbH
Am Westpark 8, 81365 München
Tel. 089/76 76 41 59
verlag@adac.de
www.adac.de/reisefuehrer**

Lanzarote Impressionen
Aufregende Vulkaninsel

Lanzarote, mit 835 km² – inklusive der kleinen vorgelagerten Eilande – die viertgrößte und zudem nördlichste Insel des nahe der afrikanischen Küste gelegenen Kanarischen Archipels, ist ein attraktives Reiseziel mit vielen Gesichtern. Jene Urlauber, die bei dem Namen Lanzarote an eine düstere Mondlandschaft mit tiefen Kratern, an eine baumlose, steinige Insel denken, werden überrascht sein von den meist hellen, teils sehr schönen langen **Stränden**. Vor allem Familien mit Kindern können hier wunderbar Faulenzerferien machen oder sich je nach Gusto etwas aus dem bunten Animationsangebot herauspicken. Darüber hinaus ist die Insel mit ihren starken Winden ein wahres Dorado für **Aktivurlauber**, die sich etwa auf Surfbrettern richtig austoben möchten.

Die meisten Touristen aber werden beeindruckt sein von der aufregend-wilden **vulkanischen Landschaft**, vor allem von den erschauernd-faszinierenden, in vielen Farben changierenden Feuerbergen, der größten Attraktion der gesamten Kanaren. Gut ausgebaute Straßen führen in blitzsaubere **Orte** mit strahlend weißen Häusern, die einen grandiosen Kontrast zum schwarzen Vulkangestein bilden, und zu fantastischen **Aussichtspunkten** und **Vulkangrotten**, die der Inselkünstler **César Manrique** in Touristenmagnete

verwandelt hat. Und wer die Nacht zum Tag machen möchte – in Puerto del Carmen geht es heiß her, während es auf der übrigen Insel eher beschaulich ist.

Auch das **Klima** ist freundlich zu den Urlaubsgästen, die sich hier das ganze Jahr über wohl fühlen, weil fast immer angenehme Luft- und Wassertemperaturen herrschen. Nicht umsonst werden die Kanaren als Inseln des ewigen Frühlings bezeichnet. Und der fast immer wehende Wind, den manch einer vielleicht als lästig empfinden wird, sorgt stets für eine angenehme Brise.

Biospähren-Reservat und Urlaubsparadies

Im Jahr 1993 wurde Lanzarote von der UNESCO zum Biosphären-Reservat erklärt. Das sind Lebensräume, in denen Mensch und Natur noch miteinander in Einklang stehen und »die Voraussetzungen für eine behutsame Weiterentwicklung in besonderem Maß« gegeben sind. Der Titel verpflichtet, fortzusetzen, was Manrique bis zu seinem letzten Atemzug im Jahr 1992 als sein Lebenswerk angesehen hatte: Lanzarote vor Umweltsünden zu bewahren, es mit endemischen Pflanzen zu verschönern und die inseltypische Architektur zu erhalten, die geprägt ist durch die Farben Weiß, Grün und Blau.

Die Qualität des **Meerwassers** wird ständig geprüft und gilt als gut. Die **Strände** in den Urlaubszentren verfügen über die notwendige Infrastruktur und werden täglich gereinigt, ja, umgeharkt, um noch die letzte Zigarettenkippe ans Licht zu befördern. Einigen Stränden wird deshalb schon seit Jahren die Blaue Europa-Flagge verliehen, die immer wieder neu ›verdient‹ werden muss. Große Teile Lanzarotes mit seinen mehr als 100 Vulkanen und mindestens 300 Kratern stehen inzwischen unter **Naturschutz**, darunter der Monte Corona, die Ajaches, die Steilküste von Famara und die Reserva Marina um La Graciosa. Besonders streng gehütet wird freilich der Nationalpark Timanfaya mit seinen Feuerbergen.

Außerdem ist die **touristische Erschließung** der Insel territorial begrenzt und muss sich nach einem genau festgelegten Bebauungsplan richten. So gibt es hier nur wenige Bausünden, die das Auge stören. Dazu gehörte bis vor kurzem das berühmt-berüchtigte 15-stöckige *Gran*

Links: *Traditionelle Inselarchitektur – weiße Kuben mit grünen Türen*
Oben: *Die Feuerberge von Lanzarote – eine Landschaft von karger Schönheit*
Unten: *Fantasievolle Verkleidungen tragen die Einwohnerinnen und Einwohner zum Karneval und an Aschermittwoch in Arrecife*

Hotel von Arrecife, ein Schwarzbau aus ›alten Tagen‹, und die ziemlich aus den Fugen geratenen Hotelkomplexe der Costa Teguise.

Auch wenn die Qualität des dem Meer abgetrotzten und entsalzten **Trinkwassers** hervorragend ist, empfehlen Hoteliers und Reiseveranstalter dennoch, Mineralwasser zu trinken, weil das in Tanks gelagerte und über ein weit verzweigtes Leitungssystem fließende Wasser per Gesetz gechlort werden muss. Der Entsalzungsprozess ist sehr teuer, weshalb Wasser auf der Insel ein kostbares Gut darstellt. Daran sollten auch Urlauber beim Duschen denken. Um die üppig blühenden Gärten der Hotels und die öffentlichen Anlagen gießen zu können, wird Brauchwasser auf hohem Standard geklärt. Manche Ferienkomplexe besitzen zu diesem Zweck sogar eigene Anlagen, um die Kosten niedrig zu halten.

Für einen Teil der **Energie** sorgt der ewige Wind auf der Insel, der etwa die riesigen Rotoren des *Parque Eólico* in Bewegung setzt. Doch damit wird noch lange nicht genug Strom produziert, weshalb man weiterhin auf die nicht gerade umweltfreundlichen Dieselaggregate zurückgreifen muss.

Gastfreundliches Lanzarote

Lanzaroteños fallen den Touristen nicht gleich um den Hals – dazu sind sie viel zu selbstbewusst –, aber sie lassen sie gerne teilhaben an ihren **Traditionen**. Soweit sie sich auf die Urbevölkerung bezogen, unterlagen sie in der Franco-Ära stärkster Kontrolle, doch die Bevölkerung ließ sich dadurch ihre Freude an Musik, Tanz und Prozessionen nicht nehmen. Ihre Begeis-

Noch haben **Ferienquartiere** in liebevoll gepflegten alten Herrenhäusern auf dem Land Seltenheitswert, aber sie dürften in den nächsten Jahren ähnlich wie auf den großen Kanareninseln Teneriffa und Gran Canaria ausgebaut werden. Schließlich unterstützt die EU mit ansehnlichen Finanzspritzen diesen **Turismo Rural**, was sich am besten mit ›Ferien auf dem Land‹ übersetzen lässt.

Auch die **Küche** Lanzarotes kann sich sehen lassen: Viele Köche haben es verstanden, die bäuerlich-schwere Kost ihrer Ahnen mit vielen Kräutern und frischem Gemüse in eine schmackhafte leichte zu verwandeln. Gar köstlich munden nicht nur *Tapas*, sondern auch die *Papas arrugadas*, die kleinen schwarzen Runzelkartoffeln in Salzkruste, die mit Schale gegessen und in scharfe Sauce (*Mojo*) getaucht werden. Sie werden gern zu rustikalen Fleischgerichten wie Zicklein (*Cabrito*) und Lamm (*Cordero*) gereicht.

Auch die meisten Hotels bieten inzwischen ein erfreulich gutes Essen, immer mehr in Form von Buffets, an denen man zwischen einheimischer und spanisch-internationaler Kost wählen kann. Unbedingt zu empfehlen sind ferner die hervorragenden Fischrestaurants der kleinen Küstenorte, etwa in El Golfo im Süd-

terung für das Brauchtum wird auch heute noch deutlich, z.B. in den meist eine ganze Woche dauernden Festlichkeiten für Nuestra Señora del Carmen in Arrecife, Teguise oder auf der Insel La Graciosa. Eine feste Größe im Inselleben ist zudem das sportliche Ritual des von den Guanchen ›geerbten‹ Ringkampfs, der *Lucha Canaria*. Fast jedes Dorf auf der Insel hat dafür seinen *Terrero*, seine Arena.

Links oben: Ein Urlaubsparadies wie aus dem Bilderbuch ist die Playa Blanca in Puerto del Carmen
Links unten: Schmucke Holzbalkone zieren Teguises Häuser
Unten: Vor La Graciosa – bunte Bootsprozession zu Ehren der Virgen del Carmen

westen oder in Orzola ganz im Norden, wo man sich den frischen Fisch oder die Meeresfrüchte auf der Zunge zergehen lassen sollte.

Wirtschaft und Geschichte

Wenig freundlich ging die Natur mit den Einwohnern Lanzarotes um. Zweimal in historischer Zeit mussten sie ihre Landwirtschaft umstellen, weil große Teile der Insel bei Vulkanausbrüchen, zuletzt 1824, von Lavaschlacken und -asche bedeckt wurden. Die Einheimischen lernten jedoch, das Beste daraus zu machen, indem sie fortan beispielsweise die Stöcke ihres berühmten und früher vor allem am englischen Hofe hoch geschätzten **Malvasía-Weines** in tiefe Vulkanasche-Trichter setzten, damit die Wurzeln möglichst schnell an den Humus gelangten und die Triebe windgeschützt waren. Doch Rebkrankheiten wie der Faulschimmel und der Mehltau vernichteten 1872 die Existenzgrundlage der Inselbewohner. Auch die Monokultur der **Koschenillen**, der Schildlauslarven, die sich vom Saft der Opuntien ernähren und bis zur Entwicklung der Anilinfarben den so wertvollen roten Farbstoff lieferten (Ende 19. Jh./ Anfang 20. Jh.), konnte die wirtschaftliche Misere nicht aufhalten.

Die Folge waren Auswanderungswellen, die erst mit Einsetzen des **Tourismus** Anfang der 1970er-Jahre und dem damit zusammenhängenden Aufschwung ein Ende hatten. Dank des Tourismus konnte sogar der einst bedeutendste Erwerbszweig, die **Landwirtschaft** – auch wenn

Links: *Wie von einem grünen Schleier überzogen wirkt die Lavalandschaft bei Haría nach einem Winterregen*
Links unten: *Üppige Tapas für den großen Hunger zwischendurch*
Oben: *Dromedare, früher Helfer der Landwirte, ›schuukeln‹ heute Touristen am Rande des Timanfaya-Nationalparks entlang*
Unten: *Fantasievolle Hotelarchitektur – das ›Timanfaya Palace‹ in Playa Blanca*

viele Nahrungsmittel importiert werden müssen –, wieder erheblich ausgeweitet werden, z B. mit Kartoffeln, Kichererbsen, Mais, Zwiebeln und Tomaten.

Der Reiseführer

Dieser Band stellt die abwechslungsreiche Urlaubsinsel Lanzarote in fünf Kapiteln vor. Die Autoren beschreiben landschaftliche Schönheiten und historische Sehenswürdigkeiten der Insel und ihrer kleinen Schwester La Graciosa. Die **Top Tipps** bieten Empfehlungen zu Hotels, Restaurants, Stränden, Ausflügen etc. **Übersichtskarten** und **Stadtpläne** erleichtern die Orientierung. Den Besichtigungspunkten sind **Praktische Hinweise** mit Tourismusbüros sowie persönliche Hotel- und Restaurantempfehlungen angefügt.

Lanzarote aktuell A bis Z bietet, alphabetisch geordnet, Nützliches von Informationen vor Reiseantritt über Essen und Trinken bis zu Verkehrsmitteln. Hinzu kommt ein umfassender **Sprachführer**. Ein **Kaleidoskop** interessanter Kurzessays rundet den Reiseführer ab.

Geschichte, Kunst, Kultur im Überblick
Von Guanchen, Seefahrern, Allroundkünstlern und einer autonomen Inselrepublik

vor 16 Mio. Jahren Lanzarote entsteht als Folge vulkanischer Aktivitäten.

3000–1000 v. Chr. Von Nordafrika und Europa her erfolgt in mehreren Schüben die Besiedlung der Kanarischen Inseln.

ab 1100 v. Chr. Funde lassen vermuten, dass phönizische Händler auf ihren Fahrten auch die Kanaren ansteuern.

800–250 v. Chr. Eine zweite Einwanderungswelle aus Nordafrika erreicht die Inseln. In jener Zeit bestehen hier Königreiche der Altkanarier, der Guanchen. Diese waren hoch gewachsene, blonde Menschen, Nachfahren der Einwanderer aus vorgeschichtlicher Zeit.

1. Jh. n. Chr. In Berichten Plinius' d. Ä. von einer Expedition des mauretanischen Königs Juba II. werden die Kanarischen Inseln erstmals erwähnt. In seinen ›Metamorphosen‹ besingt Ovid den ewigen Frühling der Eilande.

2. Jh. Eine Weltkarte, gezeichnet von dem griechischen Naturforscher Ptolemäus, verzeichnet die Kanareninsel El Hierro mit dem durch sie verlaufenden Nullmeridian.

1312 Der italienische Seefahrer Lancelloto Malocello landet auf der später nach ihm benannten Insel Lanzarote.

1340–42 Die Kanaren werden von plündernden und raubenden Spaniern, Portugiesen und Genuesern heimgesucht.

1344 Als selbst ernannter Herrscher über alle unentdeckten Länder setzt Papst Clemens VI. den Spanier Luis de la Cerda zum König der Kanaren ein. Da dieser den mit der katholischen Kirche vereinbarten Tribut nicht zahlt, muss er sein Reich wieder abtreten, ohne es jemals gesehen zu haben. Die Inseln fallen an die spanische Krone.

1402 Auf Lanzarote schließt der Normanne Jean de Béthencourt mit dem Guanchenherrscher Guardafía einen Friedenspakt und nimmt Fuerteventura sowie El Hierro ein.

1406 Nachdem Jean de Béthencourt auch La Gomera erobert hat, wird er zum König der Kanarischen Inseln gekrönt. Wenig später verlässt er die Inseln und stirbt 1425 in Frankreich. Nachfolger wird sein Neffe Maciot, der Teguise, die schöne Tochter des Guardafía, heiratet. Mit den Insulanern treibt er inzwischen

Opferaltar der Altkanarier? – Die Quesera von Zonzamas gibt den Archäologen Rätsel auf

1402 eroberte der Normanne ▷
Jean de Béthencourt die Insel
Lanzarote

Sklavenhandel und wird dafür im Auftrag der Krone ins Exil nach Madeira geschickt. Von dort aus verkauft er die Inseln an mehrere Interessenten, was zum Streit zwischen Kastilien und Portugal führt.

1440–77 Neben El Hierro und La Gomera eignet sich Diego de Herrera, der Marschall von Kastilien, auch Lanzarote und Fuerteventura als Lehen an, was sie bis ins 19. Jh. bleiben.

1492 Mit der Entdeckung Amerikas durch Christoph Kolumbus gewinnen die Kanaren als letzte europanahe Stationen vor der Atlantiküberquerung enorme strategische Bedeutung.

16. Jh. Abenteurer und Piraten überfallen Lanzarote und verschleppen die Einwohner z. T. in die Sklaverei. Die Inselbevölkerung wird im Jahre 1560 mit 500 angeben.

1618 Eine Armada von mehr als 30 Schiffen überfällt die Insel. Viele Bewohner sollen sich in die Cueva de los Verdes geflüchtet haben, andere wurden als Sklaven abtransportiert. 1630 sollen nur noch 300 Menschen auf der Insel gelebt haben.

18. Jh. Zahlreiche Piratenüberfälle halten Arrecife und die damalige Inselhauptstadt Teguise in Atem.

1730–36 Schwere Vulkanausbrüche, aber auch wiederholte Dürreperioden auf Lanzarote haben Auswanderungswellen in die Neue Welt zur Folge.

1760 Dank ihrer Bedeutung als Weg- und Versorgungsstationen auf der Seeroute in die Neue Welt erleben die Kanaren ihre erste Blütezeit.

1822 Santa Cruz de Tenerife wird Hauptstadt der zu einer Provinz zusammengefassten Kanarischen Inselgruppe.

1824 Beim letzten Vulkanausbruch auf Lanzarote wird die Ebene von Tiagua unter Lava und Asche begraben.

um 1830 Erste Opuntien-Pflanzungen entstehen auf Lanzarote. Sie dienen zur Aufzucht der Koschenille, der Schildlaus, aus deren Larven ein europaweit in der Textilindustrie begehrter, intensiv roter Farbstoff (Karmin) hergestellt wird.

1852 Die spanische Königin Isabella II. gewährt den Kanarischen Inseln den Status einer Freihandelszone. Arrecife löst Teguise als Inselhauptstadt ab.

1872 Aus Europa eingeschleppte Reblaus- und Mehltauplagen bringen den Weinanbau auf Lanzarote fast vollständig zum Erliegen.

1877/78 Verheerende Wasserknappheit und Hungersnot veranlassen etwa 8000 Lanzaroteños zur Auswan-

Erster kanarischer Bischofs- ▷
sitz – San Marcial de Rubicón
(1402) auf Lanzarote

Die spanische Königin Isabella II. erklärte die Kanaren 1852 zur Freihandelszone

derung. Viele von ihnen gehen nach Kuba oder Venezuela. Um die Jahrhundertwende zählt die Insel nur noch knapp 18 000 Bewohner.

1919 César Manrique wird auf Lanzarote geboren. Der spätere Allroundkünstler wird wie kein anderer die Architektur und das ökologische Denken auf der Insel beeinflussen.

1927 Die Kanarischen Inseln werden in zwei Provinzen aufgegliedert. Fortan ist Santa Cruz de Tenerife Hauptstadt der Westprovinz mit Teneriffa, La Palma, El Hierro und La Gomera. Die Ostprovinz, zu der Lanzarote, Gran Canaria und Fuerteventura gehören, wird von Las Palmas de Gran Canaria aus verwaltet.

1936–39 General Franco putscht gegen die Republik, es kommt zum Bürgerkrieg.

1939–75 Unter der Diktatur von General Franco in Spanien herrscht große Armut auf der Insel.

1946 Ildefonso Aguilar, heute der prominenteste Multimedia-Künstler der Insel und sicher ein würdiger Nachfolger Manriques, kommt im Alter von einem Jahr vom spanischen Festland (Salamanca) nach Lanzarote. Wie Manrique malt auch er vorwiegend mit dem Vulkanmaterial der Insel. Auch auf ökologischem Gebiet gilt er als konsequenter Nachfolger Manriques.

1968 César Manrique kommt auf seine Heimatinsel zurück. Er entwirft u. a. die Pläne für den Ausbau der Jameos del Agua bei Haría und gründet das Museo Internacional de Arte Contemporáneo im Castillo de San José (Arrecife). Ildefonso Aguilar nimmt seine Tätigkeit als Direktor des Kulturamtes auf, die 17 Jahre dauern sollte.

1970 Erste Anfänge des Tourismus auf Lanzarote, der dank der Initiative von Manrique allerdings kaum mit Bausünden einhergeht. Es wird ein allgemeiner Bebauungsplan erlassen.

1974 Die spanische Regierung erklärt das Timanfaya-Gebiet zum streng geschützten Nationalpark.

1975 Tod General Francos. Juan Carlos I. wird spanischer König und führt das Land in die Demokratie.

1978 Die neue demokratische Verfassung Spaniens wird durch eine von Juan Carlos I. einberufene Versammlung verabschiedet und am 7. Dezember vom Volk angenommen.

1982 Die Kanaren erhalten Autonomiestatus.

1986 Spanien tritt der Europäischen Gemeinschaft bei. Die Kanaren lehnen ab.

Unter General Francos Diktatur (1939–75) herrschte auch auf Lanzarote bittere Armut

Juan Carlos I. – hier mit Königin Sofia – gewährte den Kanaren Autonomie

1990 César Manrique schafft mit dem Jardín de Cactus sein letztes Werk auf Lanzarote.

1992 Die Kanaren werden in die Europäische Union aufgenommen, die Zollbestimmungen für Nicht-EU-Länder allerdings bleiben nach wie vor gültig. César Manrique findet bei einem tragischen Verkehrsunfall den Tod. Seine Stiftung wird jedoch von seinem Freund und Nachlassverwalter José Juan Ramírez mit großem Erfolg weiter betrieben.

1993 Lanzarote wird von der UNESCO zum Biosphären-Reservat erklärt.

1995 Auf mehr als 2160 ha Land wird auf Lanzarote Wein kultiviert.

1996 Abflüge und Ankünfte auf dem Flughafen von Arrecife erreichen eine Rekordzahl von knapp 4 Mio. Die Touristenankünfte liegen bei 1,3 Mio.

1998 Mit der Umsetzung des 1995 beschlossenen Schengener Abkommens entfallen die Grenz- bzw.

Passkontrollen innerhalb der EU und damit auch bei einer Reise von Deutschland oder Österreich auf die Kanaren. Der Hafen von Arrecife feiert seinen 200. Geburtstag. Die Touristenankünfte übersteigen 1,7 Mio.

1999 Einweihung des erheblich erweiterten Flughafens von Arrecife.

2000 Durch einen Baustopp, der in den Ferienzentren jedoch kaum eingehalten wird, versucht die Inselregierung, die Zersiedelung Lanzarotes zu bremsen.

2002 Im Rahmen der ›Aktion Flutopfer 2002‹ werden 1000 vom Hochwasser der Elbe betroffene Schulkinder aus Deutschland von der Inselregierung u. a. nach Lanzarote eingeladen.

2003 Insgesamt besuchen 1,8 Mio. Touristen Lanzarote.

2005 Der unerwartet heftige Tropensturm ›Delta‹ wütet Ende November auf den Kanaren und richtet Schäden in Millionenhöhe an.

2006 Am 1. Januar tritt das Rauchverbot in öffentlichen Gebäuden in Kraft.

Der Künstler César Manrique ▷ konnte stolz sein auf sein Engagement für Lanzarote

Unterwegs

Geduldig warten die Dromedare am Rande des Timanfaya-Nationalparks auf Touristen

Arrecife und Umgebung – charmante Inselmetropole, Sommergewühl und Manrique-Heimat

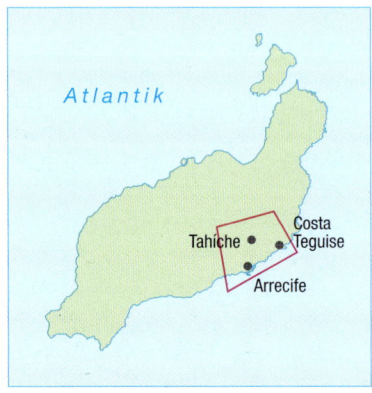

Arrecife, die **Hauptstadt** Lanzarotes, ist der Insel bedeutendster **Hafen** und steht im ewigen Wettstreit mit der früheren Kapitale Teguise um die Rolle als **kulturelles Zentrum**. Aus dem hässlichen Entlein mit knapp 55 000 Einwohnern – Gemeindegebiet bis Tahíche inbegriffen –, das es noch Mitte der 1990er-Jahre war, hat es sich allmählich zu einem fast strahlendweißen Schwan gemausert. Vor allem der schön restaurierte **Charco** mit den alten Fischerhäusern auf seiner Nordseite steht ihm gut, ebenso das **Castillo de San Gabriel** auf der vorgelagerten Insel. Viele Neubaugebiete sind im Halbkreis um die Stadt entstanden; auch das Patronato, die Inselregierung, residiert seit 1998 am südlichen Rand in einem aufwendigen Gebäude am Meer. Im direkten Dunstkreis von Arrecife liegt die **Costa Teguise**, beliebtes und meist überfülltes Touristenzentrum. Und auch **Manriques** einstiges Wohnhaus in Tahíche ist nicht weit entfernt.

1 Arrecife

Plan hintere Umschlagklappe

Leicht verschlafen-provinzielle und doch liebenswürdig-einladende Inselkapitale.

Wie alle Metropolen der Kanarischen Inseln besitzt auch Arrecife einen wichtigen Hafen für Kreuzfahrtschiffe und die Fischfangflotte. Der Stadt vorgelagert sind mehrere kleine **Inseln**; auf einer von ihnen, dem Islote de Fermina, steht das sehr dekorative Castillo de San Gabriel mit interessantem Rundblick vom Söller. Ein zweites Castillo am östlichen Stadtrand beherbergt das interessante Museum für Moderne Kunst. Auch ein **Badeort** ist Arrecife, zumindest für die Einheimischen, die den langen, feinsandigen und goldgelben Strand Playa del Reducto entlang der westlichen Promenade zu schätzen wissen. Und Arrecife ist darüber hinaus ein hervorragendes **Einkaufsziel**: Ein größeres und einige kleine, fast schon historische Kaufhäuser stehen zwischen modernen Boutiquen und Eisdielen, zwischen Reisebüros, Banken und Fotogeschäften. Manche Straßenzüge sind eher dem Nachtleben vorbehalten, und am schönen Charco, der ›Pfütze‹, wie es übersetzt heißt, an dessen nördlichem Rand die Fischer wohnen, ist man mit Ausnahme der Flohmarkttage fast allein und kann hier herrlich die Ruhe genießen.

Die einzige echte Bausünde der Insel galt lange als Symbol der Hässlichkeit Arrecifes: das *Gran Hotel*, ein 17-stöckiges Hochhaus mit massigen Balkonen, das 1994 total ausbrannte. Sein Betonskelett aber hielt zum Leidwesen der Naturschützer und anderer Gegner solcher ›Baumonster‹ das Ganze zusammen. Nach langem Hin und Her wurde 2001 mit der Entkernung begonnen, Mitte 2004 konnte das Hotel in neuem Look wieder eröffnet werden. Von den oberen Etagen sowie der Bar und dem Restaurant im Dachgeschoss bieten sich grandiose Ausblicke auf das Castillo de San Gabriel, den Stadtstrand und das Meer. Spaziergänger können den Turm als Wegweiser verwenden, wenn sie sich in den engen Gassen von Arrecife verirrt haben sollten.

Einen herrlichen Blick auf die gesamte historische **Wasserfront** mit z. T. recht

Einst Bausünde, heute moderner Blickfang – das ›Gran Hotel‹ in der Inselhauptstadt Arrecife

schön sanierten Gebäuden hat man vom Castillo de San Gabriel. Dahinter lugt die weiße Kuppel des hübschen Glockenturms hervor, der zur Pfarrkirche San Ginés gehört. Arrecife muss langsam entdeckt werden, denn es gibt mehr zu sehen, als der erste Blick vermuten lässt.

Geschichte Ihren **Namen** verdankt die im 15. Jh. als kleiner Hafen geborene Stadt den *Arrecifes*, schwarzen vulkanischen Riffs, hinter denen sich die Boote schützend verstecken konnten. Doch gegen die Piratenübergriffe halfen sie wenig, sodass man zunächst *Teguise* in der Inselmitte gründete und zur Hauptstadt Lanzarotes erkor. Zu wachsen begann Arrecife Ende des 16. Jh., als es notwendig geworden war, für die Hafenarbeiter und Angestellten Wohnhäuser sowie Lagerhallen für den Handelsverkehr zwischen der Alten und der Neuen Welt zu errichten. Es folgte der Bau einer ersten Kirche, die man dem ersten Bischof Arrecifes, *San Ginés*, weihte. Kaum war Arrecife derart ausgestattet, wurde es auch schon zum begehrten Ziel von **Piraten**. 1571 plünderte der berüchtigte Seeräuber *Dogan* das Hafenstädtchen und zerstörte es fast vollständig. Nur wenige Jahre später begannen die Arbeiten am Castillo de San Gabriel auf der vorgelagerten Insel, von dem man sich eine hohe Schutzfunktion versprach. Doch bereits 1586

landete der Pirat *Morato Arraez* mit seinen Mannen in der Stadt und machte ihr praktisch den Garaus. Infolgedessen erhielt 1599 der italienische Festungsbaumeister **Leonardo Torriani** von König Philipp II. den Auftrag, das Castillo mit mächtigen Wällen zu verstärken. In dieser Form ist die Festung bis heute erhalten – mitsamt krönendem Glocken-

Die Vergangenheit lässt grüßen – das düstere Castillo de San Gabriel wurde im 16. Jh. zum Schutz gegen Piraten errichtet

Arrecifes lebhafter Fischerhafen Puerto de Naos im Stadtteil Valterra

türmchen. Auch die schmale steinerne Zugbrücke, der sog. *Puente de Las Bolas*, entstand damals. Eine spätere Zutat ist der befahrbare Damm, der *Puente de Las Palmas*. Das weiter nordöstlich am Stadtrand liegende, dem Hafen zugewandte *Castillo de San José* hingegen, so wird behauptet, sei 1771 auf Befehl König Karls III. nur aufgrund einer Arbeitsbeschaffungsmaßnahme entstanden [s. S. 27].

1792 wurde als Teil des neuen Hafens die **Muelle de las Cebollas**, die ›Mole der Zwiebeln‹, weit ins Meer hinaus gebaut. Sie gewährte Schutz vor den Wellen des Atlantiks, und die Schiffe konnten direkt hier anlegen. Am 25. Juni 1798 wurde anlässlich der Eröffnung des **Hafens** die erste Messe in der umgestalteten und zur unabhängigen Pfarrei erklärten Kirche San Ginés gehalten.

15 bis 20 Menschen sollen zur Zeit der Ortsgründung in Arrecife gelebt haben, 1766 zählte man 72. Bis 1848 aber wuchs der Ort auf 571 Häuser und 2363 Einwohner an. Doch erst 1852 wurde Arrecife – trotz Protests aus Teguise – schließlich zur Inselhauptstadt ernannt. Vom Charakter her ist es jedoch eine Hafenarbeiter- und Fischerstadt geblieben, mit nur wenigen einer Metropole würdigen Profan- und Sakralbauten. Von diesen hat das ältere Teguise [Nr. 4] umso mehr.

Besichtigung Die Inselbusse halten vor der Meerespromenade von Arrecife. Von

dort aus kann man zu Fuß recht schnell ins Herz der Stadt vorstoßen. Wer mit dem **Auto** ankommt, sollte dieses entweder noch im Außenbereich an der Promenade parken oder stadteinwärts, umgebauten Gran Hotels unterhalb des Parque Islas Canarias eine Tiefgarage mit 800 Plätzen gebaut wurde. Ob der Platz vor dem Castillo de San Gabriel wieder für PKW frei gegeben wird, ist noch nicht sicher. Ins Zentrum sollte man mit dem PKW möglichst nicht fahren, denn erstens ist es wochentags während der Geschäftszeit für den privaten Autoverkehr gesperrt, zweitens sind die Gassen eng (es herrscht außerdem eine komplizierte Einbahnregelung) und drittens darf man auf den wenigen Parkplätzen nur eine befristete Zeit stehen.

Vom Castillo de San Gabriel zur Iglesia San Ginés

Für einen Bummel durch Arrecife ist das kleine, und doch mit seinen beiden Kanonen recht trutzig wirkende **Castillo de San Gabriel** ❶ (Innenräume zzt. nur bei Ausstellungen geöffnet) aus dem 16. Jh. wegen des schönen Blickes vom Söller auf die Stadt ein guter Ausgangspunkt. Vor allem mittwochs bietet sich gegenüber im *Parque José Ramírez Cerdá* ein buntes Bild. Von 9 bis 15 Uhr findet dann der Wochenmarkt mit bis zu 145 Ständen statt. Das häufig erwähnte Archäologische Museum war einmal in der Planung, ist aber nie realisiert worden. Nach den letzten Plänen soll es draußen vor den Toren der Stadt im Bereich des Castillo de Zonzamas (s. S. 37) eingerichtet werden..

Anschließend überquert man die Fußgängerbrücke, den **Puente de Las Bolas** ❷, der gleichzeitig mit dem Castillo gebaut wurde, und macht sich auf den Weg in die Stadt. Auch wenn das hübsche Schmiedeeisentor in der Mitte des Puente wieder einmal geschlossen sein sollte, eine Lücke gibt es immer, durch die man schlüpfen kann. Der Name ›Bolas‹ bezieht sich übrigens auf die beiden großen Steinkugeln, die dieser Zugbrücke als Schmuck dienen. Auf der anderen Seite angelangt, schlendert man auf der 1998 verlängerten Promenade ein Stück in Richtung Osten. Bald schon verleitet eine besonders harmonische, zweistöckige Fassade mit den typisch kanarischen Holzläden und -türen dazu, die Straße zu überqueren. Und schon steht man vor der **Casa de Los Arroyo** ❸, auch Casa del Coronel Armas oder Casa Béthencourt genannt, dem Sitz des *Centro Científico Cultural Blas Cabrera* (Mo–Fr 10.30–13.30 und 16–19 Uhr), in dem wechselnde Kunstausstellungen stattfinden. Darüber hinaus residiert hier die Sommeruniversität, deren Kurse sich vor allem mit Umweltfragen oder Themen zur kanarischen Kultur beschäftigen.

Schnitzarbeit, die sich sehen lassen kann – Holzbalkon der Casa de Los Arroyo

Das Haus wurde 1739 von Domingo A. de Armas Béthencourt, dem einstigen Militärgouverneur der Insel, und dessen Frau Barbara errichtet. Ihre Enkelin und Erbin, Bernarda de Armas y Cabrera, heiratete in die Arroyo-Familie ein – daher der offizielle Name der Casa. Schriftlichen

Kapitaler Hecht in Sicht? – Die zum Castillo de San Gabriel führende Fußgängerbrücke Puente de Las Bolas ist ein beliebter Treffpunkt für Angler

*Arrecifes schmuckes Stadtviertel – der restau- ▷
rierte Fischerhafen Charco de San Ginés*

Überlieferungen zufolge war das Anwesen früher noch viel größer und verfügte u.a. über Lagerhallen, eine Weinpresse, Ställe und zwei Küchen. Eine Überraschung bietet der Blick in den **Innenhof** des Hauses: Was von außen wie eine Einheit wirkt, entpuppt sich hier als kleines Gebäudekonglomerat mit zierlichen geschnitzten Holzbalkonen und -treppen. Über dem engen Patio hängt eine Art Holzkäfig, in dem man das früher unentbehrliche Kalksandsteinbecken für das Filtern von Trinkwasser entdecken kann. Im Obergeschoss, am Ende des Korridors, befindet sich eine kleine Kapelle.

In der *Sala Pancho Lasso* wird eine Ausstellung über den 1904 auf Lanzarote geborenen Bildhauer Pancho Lasso gezeigt, der wechselweise auf seiner Heimatinsel und in Madrid – wo er 1973 verstarb – lebte und arbeitete. Er war Lehrer des weitaus bekannteren Künstlers César Manrique.

Gleich hinter der Polizeistation taucht jenseits der schmalen Calle Miranda, die

*Ruheplätzchen – die Plaza de las Palmas vor
Arrecifes Pfarrkirche San Ginés*

den Blick auf den Kirchturm von San Ginés freigibt, der **Ayuntamiento** ❹ auf, das 1998 fertig gestellte Rathaus von Arrecife. Der recht klobig wirkende Bau mit seinen zwei oktogonalen Ecktürmen und den hölzernen ›Laternen‹ an der Spitze wurde erstaunlich gelungen in die alten Gassen integriert. Sogar der alte Markt, der **Mercado Municipal** (werktags ca. 8–12 Uhr), ist nun Teil des Rathauskomplexes geworden. Jenseits der engen Gasse findet, ebenfalls wochentags 8–12 Uhr, der kleine Fischmarkt in der **Pescaderia Municipal** statt.

Wenn das Verkehrsaufkommen nicht gerade unerträglich ist, kann es vergnüglich sein, durch die Sträßchen hinter dem Rathaus zu schlendern. Jedenfalls ist die Haupt- und Pfarrkirche von Arrecife, die **Iglesia San Ginés** ❺ (tgl. 9–13 und 17–20 Uhr), schnell erreicht. Die kleine *Plaza de las Palmas* davor mit ihren Ruhebänken, den Schatten spendenden Palmen und sattgrünen Indischen Lorbeerbäumen lädt zur Pause inmitten des Verkehrsgewühls geradezu ein. Glücklicherweise wurde die Straße zwischen dem Platz und der Kirche gesperrt.

Das aus einer kleinen *Kapelle* des 17. Jh. hervorgegangene Gotteshaus bekam erst

Ende des 18. Jh., als es zur Pfarrkirche erhoben wurde, sein heutiges Aussehen. Schlicht sind die beiden Nebenportale, etwas aufwendiger, feierlicher präsentiert sich das von dunklen Vulkansteinen gerahmte **Hauptportal** mit dem Rundbogenfenster darüber. Rechts streckt sich der weiße **Glockenturm** mit seiner kleinen oktogonalen Kuppel auf hohem Tambour und der winzigen Laterne in den meist blauen Himmel. Die Kanten des Turms sind ebenso wie die drei Geschosse mit grauschwarzen Lavasteinen abgesetzt und geben damit der Stadtsilhouette eine besondere Note. Das **Innere** des Gotteshauses beeindruckt durch die Breite der Halle, die schönen dunklen Mudéjar-Decken und den neuen Steinboden. Die drei Gewölbe ruhen jeweils auf vier grauschwarzen Rundpfeilern und sind getrennt durch großzügige, fast raumhohe Rundbögen. Um den zweiten Pfeiler links windet sich eine zierliche, im Wesentlichen barocke *Holzkanzel* mit einigen neoklassizistischen Schmuckelementen aus Marmorstuck.

Das vierte, ebenfalls mit einer Holzdecke überfangene Joch ist als **Querhaus** ausgebaut, der **Chorraum** lang gestreckt, seine Mudéjar-Decke fasst ihn mit dem Vierungsraum zusammen. Die weiße, goldgerahmte *Hochaltarwand* präsentiert sich im neoklassizistischen Stil. In ihrer Mitte sieht man ein schlankes Kruzifix, flankiert von einer Muttergottes mit Kind und einer Skulptur des Bischofs von Arrecife, San Ginés.

Der Charco de San Ginés und das Viertel der Fischer

Hier befindet man sich im ruhigsten Viertel von Arrecife! Der **Charco de San Ginés** ❻, was soviel wie ›Pfütze des hl. Ginés‹ heißt, ist eine gar nicht so kleine Lagune, die weit in die Stadt hineinreicht und nur durch eine schmale – überbrückte – Rinne mit dem Meer verbunden ist. In diesen Teil von Arrecife gelangt man durch die engen Gassen hinter der Pfarrkirche mit den z. T. gut restaurierten, niedrigen Häusern. Der schönste Weg führt über die *Calle la Puntilla* mit ihren sattgrünen Palmen. Es ist zu jeder Tageszeit ungeheuer wohltuend, sich abseits des Stadttrubels am Rande der blaugelbländrig eingefassten Lagune in einem der Bar-Restaurants niederzulassen und ein Gläschen Wein oder einen *Café solo* zu genießen. Auch der allabendliche Treffpunkt der Jugend hat sich hier etabliert: das 1989 mit einer

Zu Wasser und zu Lande findet die Prozession zu Ehren der Señora del Carmen statt

viel zu großen Betonkuppel erbaute postmoderne Kinozentrum **Atlántido** mit vier Sälen.

Jenseits der Lagune stapeln sich kleine weiße Fischerhäuser einen leichten Hang hinauf. Darunter schaukeln bunte Fischerboote, zu deren Landeplätzen Treppchen hinabführen.

Man erreicht nun den Stadtteil der Fischer, **Valterra** ➐, dessen Zentrum eine moderne Kirche markiert. Im Jahr 1990 begann man mit der Sanierung dieses Viertels, das sich jetzt allmählich wirklich sehen lassen kann. Eines steht auf jeden Fall außer Frage: Hier führen die Einheimischen noch ein Leben, das weitgehend unbeeinflusst vom Tourismus ist. In der Nähe liegen der Fischereihafen **Puerto de Naos** und die **Cofradia**, die Fischereigenossenschaft. Diese stehen auch im Mittelpunkt des größten Festes, das zu Ehren der *Nuestra Señora del Carmen* im Juli stattfindet. Es besteht aus einer Land- und einer Meeresprozession auf bunt geschmückten Booten, die vom Hafen aus starten und zwischen den vorgelagerten Inselchen hindurchfahren.

Ein anderes großes Fest, die *Fiesta San Gines*, findet in Arrecife in der zweiten Augusthälfte (um den 25.) zu Ehren des Patrons San Ginés statt. Tagelang geht es in den Straßen mit Kirmes-Stimmung, Misswahlen und Umzügen munter her. Auch Kultur- und Sportveranstaltungen kommen dabei nicht zu kurz.

Einkaufsbummel in der Fußgängerzone

Auf der Rückseite des Kinozentrums befindet sich das vorerst größte, doch wahrlich nicht aufregende Kaufhaus **Centro Comercial Atlantida**. Es steht an der Fußgängerzone *Calle Léon y Castillo*, auf der ein Geschäft dem anderen folgt. Einige Läden stammen noch aus der Zeit um 1900. Sie wirken zwar etwas antiquiert, sind aber sehr hübsch anzuschauen: ehrwürdige Kaufmannsläden, die im Inneren noch hölzerne Balkone besitzen, über die man an die oberen Regale und Schränke gelangt. Das Warenangebot umfasst aber ungeachtet dieser Kulisse durchaus auch Modisch-Aktuelles [s. S. 28 f.]. Zwischen den Geschäften gibt es Eisdielen und weniger einladende Stehimbisse, einige Banken und Spielsalons. Eine echt spanische Mischung! Die meisten Reisebüros hingegen befinden sich an der Meeresfront, in der Avenida Generalísimo Franco.

Eine besonders nette Adresse sollte man sich auf der León y Castillo nicht entgehen lassen: das **Mercadillo** ➑ mit seinem glasüberdachten, zweistöckigen Patio, der Eisdiele und Bar, Kunsthandwerksläden und Lederwarengeschäft unter einem Dach vereint. Ein hübsches Plätzchen im Stadtgewühl!

Bis zum **Centro Insular de Cultura El Almacén** ➒ (bei Ausstellungen in der Regel Mo–Fr 10–14 Uhr) in der Calle José Betancort ist es von hier aus nicht mehr weit. César Manrique hatte das alte zweistöckige Haus über den beiden großen Zisternen 1974 restaurieren lassen und ihm den Namen ›El Almacén‹, ›Warenhaus‹, gegeben. Hier sollten Ausstellungen stattfinden und sich Menschen aus aller Welt zum Gedankenaustausch über die Schönen Künste treffen. Doch das von Manrique persönlich finanzierte Unternehmen schrieb ständig rote Zahlen. Daher wurde es 1989 von der Inselregierung übernommen, die darin das **Kulturzentrum** unterbrachte. Darüber hinaus sind hier ein Fortbildungszentrum und eine Bibliothek für spanische Literatur über die Kanarischen Inseln beheimatet. In den beiden schönen **Zisternen** schließlich mit ihren immens dicken Mauern finden wieder Wechselausstellungen statt. Wer ein gutes Gläschen Wein trinken und in Ruhe Zeitung lesen möchte, kann es sich in der typisch spanischen *Bar Ruíz Picasso* (Mo–Sa 9–14 und 19–1 Uhr) auch an ausstellungsfreien Tagen gemütlich machen.

Die Calle Betancort in Richtung Süden schlendernd, kommt man nach wenigen Minuten zum **Club Nautico** ⑩, der Bühne für die High Society von Arrecife an der Meerespromenade (Zutritt nur für Mitglieder). Rechts davon beginnt der

Parque Islas Canarias ⑪, der sich bis zum Gran-Hotel-Hochhaus hinzieht und im Zuge der Renovierung des Hotels ebenfalls neu gestaltet wurde. Unter dem Park soll eine Tiefgarage entstehen. Weiter westlich beginnt der lange und breite Sandstrand **Playa del Reducto**. Schräg gegenüber dem Club Nautico findet man neben vielen anderen Bars und Cafés auch die hervorragende Eisdiele **Heladeria Isla Italiana** und das **Café Los Angeles**, das sehr gut besucht ist, obwohl es an der lauten Avenida Rafael González liegt.

Dort, wo diese Allee einen Linksknick macht und in die *Avenida Generalísimo*

Café und Läden unter einem Dach – der zweistöckige, glasüberdachte Mercadillo in der Einkaufsstraße Léon y Castillo macht's möglich

Franco übergeht, steht auf schwarzgrauem Vulkansteinsockel das massige ockerfarbene Gebäude der **Delegación Insular del Gobierno** 🔟, in dem die Inselregierung tagt. Die Fassade zieren weiße und grüne Sprossenfenster, ein langer geschlossener Balkon und ein Türmchen. Die stets fahnengeschmückte Schmalseite, die durch eine Baulücke zum Meer blickt, präsentiert sich ebenfalls mit Türmchen und Balkon.

Die Avenida Generalísimo Franco begleitet die schöne, parkähnlich angelegte **Meerespromenade** mit Ruhebänken und Kinderspielplatz – hier gibt es mehrmals im Jahr eine Art Lunapark –, alten Schatten spendenden Bäumen und blühenden Büschen sowie schönem Blick auf das vorgelagerte Castillo San José.

In der Fortsetzung der Avenida beginnt eine wenig attraktive Zeile mit einigen Häusern aus den 1960er-Jahren. Einen angenehmeren Blickfang bietet da schon die weiß und cremefarben gehaltene Fassade von Nr. 15 im Zuckerbäckerstil mit neoklassizistischen Elementen. Etwa in der Mitte der Straße, rechts vom Postamt, steht die **Casa de Cultura Agustín de la Hoz** 🔟 (Mo–Fr 10–13 und 17–20 Uhr). Zur Weihnachtszeit kommen viele Einheimische und Besucher hierher, um sich am Anblick der großen Krippe in der großzügigen, glasüberdachten Eingangshalle zu erfreuen. In diesem so typischen zweistöckigen Gebäude aus der Zeit um 1900 mit den bodentiefen Fenstern und den silberfarbenen Schmiedeeisenbalustraden kann man sich außerdem über die kulturellen Veranstaltungen auf der Insel informieren.

Flaniert man weiter entlang der Meerespromenade, so erblickt man bald einen charakteristischen flachen Baukomplex aus zwei kleinen Gebäuden mit hübschen Holzkern, die durch eine Pergola miteinander verbunden sind. Es handelt sich um die **Oficina Información y Turismo** 🔟, wo man touristische Auskünfte über die Insel erhält, für Arrecife gibt es ein paar Schritte weiter im Informations-Kiosk Material. Dahinter beginnt in Höhe des Damms die Einkaufsstraße León y Castillo [s. S. 24].

Fast auf derselben Höhe, nun aber direkt an der Calle León y Castillo, steht ein besonders hübsches, gelblichgrün gekacheltes Haus mit einem integrierten Uhrtürmchen. Es handelt sich um den früheren Sitz des **Cabildo Insular** 🔟, in dem der Bürgermeister auch nach dem Umzug der Büros in den fast protzigen Rathaus-Neubau am westlichen Stadtrand noch immer Gäste empfängt. Inzwischen hat sich hier auch das *Kulturamt* von Lanzarote angesiedelt.

Castillo de San José

Ein Besuch Arrecifes wäre nicht komplett ohne eine Besichtigung des **Castillo de San José** 🔟 mit dem Museum für Zeit-

Attraktive Ansicht – das ehemalige Cabildo Insular mit seinem integrierten Glockentürmchen

Kostbares Nass aus dem Meer

Als Lanzarote zu Beginn der 1960er-Jahre seine Wirtschaft mithilfe des Tourismus ankurbeln wollte, war der Mangel an **Trinkwasser** aufgrund spärlicher Niederschläge und fehlender Grundwasserressourcen das größte Problem. Um nicht weiterhin das kostbare Nass auf **Tankschiffen** von Gran Canaria herübertransportieren lassen zu müssen, verlangte es nach neuen Lösungen. Sie kamen 1964 in Gestalt der **Meerwasser-Entsalzungsanlagen** ›Lanzarote I–III‹ und ›Inalsa I und II‹, die seither etwa 90 % des benötigten Trinkwassers produzieren. Außerdem gehört zu diesem Komplex die Mineralwasserfabrik ›Chafari‹. Für den Süden, für Playa Blanca und die umliegenden Dörfer, ist die Anlage ›Inalsa Sur‹, ein an der schwarzen Playa de Janubio wie ein Fremdkörper aufragender ›Klotz‹, zuständig. Ungeheuer eindrucksvoll ist hier der Anblick der gegen den Fabrikblock stürmenden Wellen, die noch dazu eine wichtige Funktion im Meerwasser-Entsalzungsprozess ausüben. Denn nicht von ungefähr stehen alle Meerwasser-Entsalzungsanlagen direkt an der Küste, soll doch der **Wasserdruck** genutzt werden. Und das funktioniert so: Da das Auffangbecken für die Verwandlung des Salzwassers in Süßwasser hinter der Felsküste unter dem Meeresspiegel angelegt wurde, wird das Wasser durch die porösen Basaltfelsen das erste Mal gefiltert. Oberirdisch findet dann die zweite **Filterung** durch Sand statt, der anschließend wieder entfernt wird. Jetzt wird das Wasser

Trinkwasser (nicht nur) für Touristen kommt aus der Meerwasser-Entsalzungs-anlage bei Arrecife

in große Röhren geleitet und das Salz im energiesparenden Osmose-Verfahren in sechs Durchläufen mit 60 bar Druck so reduziert, dass das Wasser trinkbar ist.

35 g Salz pro Liter enthält das Atlantikwasser rund um den Kanarischen Archipel; nach dieser aufwendigen und äußerst kostspieligen Prozedur beträgt der Salzgehalt nur noch 0,15 g, und das Wasser ist gut trinkbar. Dass es dann gechlort in die Hotelanlagen und Privathäuser kommt, liegt daran, dass es das Gesetz verlangt – wegen der weitverzweigten Leitungssysteme, durch die es fließt –, und deshalb greifen viele dann doch lieber zur Mineralwasserflasche.

genössische Kunst ganz im Nordosten zwischen dem Fischerei- und dem Handelshafen. Die 1779 fertig gestellte Festung steht auf einer 8 m über der Steilküste liegenden Halbinsel, der *Cueva de Inés*. Um wenigstens einigen der nach den verheerenden Vulkanausbrüchen 1730–36 hungerleidenden Menschen zu helfen, ließ König Carlos III. das Castillo nach Plänen des Bauingenieurs *Alfonso Ochando* als Arbeitsbeschaffungsmaßnahme, nicht zu Verteidigungszwecken, errichten. Daher auch der volkstümliche Name ›Hungerfestung‹!

Massiven Basaltquadern und viel rosafarbenem Mörtel verdankt das über einem quadratischen Grundriss mit leichter Wölbung zur Meerseite hin errichtete Fort seinen guten Erhaltungszustand. Geradezu zierlich wirken seine runden Eckbastionen. Die Anlage ist so konzipiert, dass man vom **Eingang** hinter dem schmalen Graben und der kleinen Zugbrücke aus nur ein Stockwerk sieht, das zweite ›hängt‹ über der Steilküste.

Seit dem Umbau durch César Manrique (1974–76) birgt die Festung **TOP TIPP** das **Museo Internacional de Arte Contemporáneo** (tgl. 11–21 Uhr) und ein Restaurant. Gleich hinter dem Eingang gelangt man in einen die gesamte Breite der Festung einnehmenden

Miró, Millares oder Manrique in der ›Hungerfestung‹ – moderne Kunst vom Feinsten kann man im Museo Internacional de Arte Contemporáneo bestaunen

tonnengewölbten Raum von imposanter Länge. Er bewahrt nur wenige, aber effektvoll präsentierte spanische bzw. kanarische Kunstwerke der Moderne. Im **Hauptsaal** des Museums kann man Arbeiten von Joan Miró und Manolo Millares, Oscar Domínguez und Gerardo Rueda, Eusebio Sempérez und Augustín Cárdena und nicht zuletzt natürlich von César Manrique bestaunen.

Ein weiterer Saal und der Söller sind über ein etwas kompliziertes Auf und Ab an Treppen zu erreichen. Großartig ist die schwungvoll durch die integrierte Zisterne ins Restaurant hinunterführende Treppe, die Manrique blendendweiß kalken und mit großen Steinen und schönem Holz dekorieren ließ. Durch die breite Fensterfront des **Restaurants** (Tel. 928 81 23 21, tgl. 13–15.45 und 19.30–23 Uhr), in dem man abends bei Kerzenschein mit kanarischen Spezialitäten und tagsüber mit schmackhaften *Tapas* und guten Tropfen verwöhnt wird, hat man freie Sicht auf **Los Mármoles**, den Großhafen von Lanzarote.

Oberhalb des Hafens an den terrassierten Hängen liegen einige alte Salinen [s. S. 108], die in ein Freilichtmuseum verwandelt werden sollen. Die Küstenstraße nach Teguise führt an einer großen Anlage mit einem grauen ›Kasten‹ vorbei, Lanzarotes wichtigster **Meerwasser-Entsalzungsanlage** [s. S. 27].

Wer Authentisches nach Manriques Entwürfen erstehen möchte, wird vielleicht in der **Tienda César Manrique** ⑰ fündig, die mittlerweile vom Plaza de la Constitución in das Flughafengebäude umgezogen ist. Hier werden Kunsthandwerk und T-Shirts angeboten, die unter dem ›Gütesiegel‹ der Fundación César Manrique produziert wurden.

ℹ **Praktische Hinweise**

Information

Oficina Municipal de Arrecife, Kiosko Municipal, Parque José Ramiréz Cerdá, Arrecife, Tel. 928 81 31 74

Einkaufen

Almacenes Arencibia, Calle León y Castillo 30, Arrecife. In dem hübschen Kurzwarengeschäft mit Lagerregalen im Obergeschoss, die über einen umlaufenden Innenbalkon erreichbar sind, fühlt man sich wie im ›alten Spanien‹.

Comercial Tamaragua, Calle León y Castillo 35, Arrecife. Feine Damen- und Herrenmode sowie Brautkleider in einem Kaufhaus der Zeit um 1900.

El Mercadillo, Calle León y Castillo 14, Arrecife. Kleines Einkaufscenter in einem hübschen Patio-Haus mit Bar und Eisdiele.

Tienda César Manrique, Aeropuerto de Lanzarote, zwischen Arrecife und Puerto del Carmen. Von der Manrique-Fundación autorisierte T-Shirts, Zeichnungen, Gravuren und Kunsthandwerk.

Tienda Mafalda Infantil, Calle Otilia Diaz 11, Arrecife. Kindermode vom Feinsten in einer kleinen Seitengasse der León y Castillo Richtung Pfarrkirche.

Vero Moda, Calle León y Castillo/Ecke Avenida General Godeo, Arrecife. Poppige Mode, darüber ein beliebtes Café.

Hotels

*****Arrecife Gran Hotel**, Parque Islas Canarias s/n, Arrecife, Tel. 928 800 000, Fax 928 805 906, www.arrecifegranhotel.com. Die einstige Bausünde Arrecifes ist seit Mitte 2004 als vollständig renoviertes modernes Hotel mit Ladenzeile, Bar, Restaurant und Tiefgarage eine Luxusadresse mit herrlichem Ausblick und allem Komfort.

***Lancelot**, Avenida Mancomunidad 9, Arrecife, Tel. 928 80 50 99, Fax 928 80 50 39, www.hotellancelot.com. Von der Playa del Reducto durch die Hauptstraße getrenntes, renoviertes Stadthotel, das nicht gerade eine Oase der Ruhe ist, aber freundliche Zimmer und einen Pool auf dem Dach bietet.

***Miramar**, Avenida Coll 2, Arrecife, Tel. 928 81 26 00, Fax 928 80 15 33, www.hmiramar.com. Gepflegtes Haus gegenüber dem Castillo de San Gabriel mit schönem Blick vom Dachgarten.

*Hostal San Ginés**, El Molino 9, Arrecife, Tel. 928 81 23 51. Einfache saubere Pension in günstiger Zentrumslage.

Restaurants

Kleine Fischlokale in Hafennähe, Cafés am Charco und in der Nähe des Club Nautico sowie Imbissbuden an der Calle León y Castillo, der Haupteinkaufsstraße von Arrecife, bestimmen das nicht gerade üppige Angebot.

A. Colón, Ciudad Jardín, Playa del Cable, südwestlich von Arrecife beim ›Fluchthafen‹, Tel. 928 80 56 49. Direkt am Hafen gelegenes Restaurant mit schönem Meerblick und einer hervorragenden Küche spanischer und kanarischer Spezialitäten. Besonders die stets frischen Fisch- und Meeresfrüchtegerichte sind zu empfehlen.

Castillo de San José, Avenida de Naos s/n (in der gleichnamigen - Festung), Arrecife, Tel. 928 81 23 21. Großzügig bis unterkühlt wirkt die Glas-Leder-Einrichtung dieses Lokals, dessen spanisch-kanarische sowie internationale Küche vielfach gelobt wird. Hierher kommen Einheimische, die schön ausgehen wollen.

El Enyesque, Calle General Balmes 3, Arrecife, Tel. 928 84 4987. Vor allem bei Geschäftsleuten beliebte, fantasievolle Küche. Beispiele: Hummer auf Reis, iberischer Schweinebraten. Große Auswahl an lanzaroteñischen Weinen (So geschl.).

Pizzeria Italiana, Avenida Rafael González 4, Arrecife, Tel. 928 81 47 49. Hervorragende Pizzen werden in diesem

Schlemmen mit Aussicht – das Castillo de San José im Nordosten der Stadt beherbergt eines der berühmtesten Restaurants von Arrecife

kleinen Restaurant einer sardischen Familie serviert, die auch noch gute Stimmung verbreitet.

Café

Los Angeles, Avenida Rafael González 6, Arrecife, Tel. 928 81 23 17. Beliebtes Café nahe dem Club Nautico mit Tischen an der verkehrsreichen Allee (7 – 24 Uhr).

Nachtleben

Zentrum für einen turbulenten Abend und eine heiße Nacht ist die **Calle José Antonio** mit allerlei Kneipen, Bars und Musikhallen. Ab 23 Uhr geht es in diesem Viertel ab in die Tanzbars **El Convento** und **La Fábrica**, nördlich des Zentrums haben in der **Calle de Portugal** die Disco-Pubs **Latin Palace** und **Caricatura** bis morgens geöffnet. Am Wochenende geht es, wenn die Kneipen schließen, zum ›Absacker‹ in die Discobar **La Biosfera** an der Straße nach Puerto del Carmen. Hier ist Zapfenstreich erst um 6 Uhr morgens.

2 Costa Teguise

Eine Feriensiedlung vom Reißbrett mit fantastischem Surferstrand und Lanzarotes einzigem Golfplatz.

Um das viel besuchte Ferienzentrum Costa Teguise zu erreichen, kann man von Arrecife aus die Schnellstraße wählen oder beim Castillo de San José die schmalere Straße entlang der felsigen Küste vorbei an den aufgelassenen Salinen und der Meerwasser-Entsalzungsanlage nehmen. Bald passiert man das kleine Dorf **Las Caletas**. Es liegt noch im Dornröschenschlaf, obwohl schon einige neuere Häuser – Schlafplätze für manche, die in Arrecife oder Costa Teguise arbeiten – und eine Kneipe auszumachen sind. Wenig später ist man dann auch schon am Gemeindegebiet von Teguise angelangt. Kleine Buchten mit goldgelbem Sand öffnen sich inmitten schwarzer Lavafelsen, über denen ein paar kleine, feine Häuser zu hängen scheinen. Eines von ihnen – selbstredend ein etwas größeres – war bis 1988 im Be-

◁ *Architektonische Kontraste – im Ferienort Costa Teguise wetteifern hohe Betonburgen mit César Manriques niedriger Ferienhaussiedlung Pueblo Marinero*

Dann biegt die Straße nach links ab, um wieder rechts zur **Playa Bastián** zu führen. Diese hübsche Ferienhaussiedlung mit Palmen in gepflegten Lapilli-Gärten hatte César Manrique zu planen begonnen. Als man aber verlangte, er solle so viele Unterkünfte wie möglich unterbringen, gab er das Projekt auf. Der dazugehörige gräuliche Sandstrand ist wegen des Wellengangs bei Surfern beliebt. Er wird akzentuiert von dunklen Felsen und einem Vulkansteinturm mit Wendeltreppe zum Söller. Leider liegt die Playa jedoch in Sichtweite des Industriehafens von Arrecife.

Eine breite, boulevardartige Palmenallee mit vielen Parkplätzen führt ins Herz der Costa Teguise. Rechts der Straße erstreckt sich die schöne **Playa del Jablillo**, die durch einen längeren Wellenbrecher ›eingebuchtet‹ ist und von schwarzen Lavafelsen gerahmt wird. Den hübschen Strand haben vor allem Familien als Urlaubsziel entdeckt, und hier weht seit Jahren die Blaue Europa-Flagge.

Der Surfer-Strand schlechthin ist die linker Hand liegende **Playa de las Cucharas**. Die hübsche kleine Ferienhaussiedlung **Pueblo Marinero** (›Fischerdorf‹) liegt direkt an der als Fußgängerzone ausgewiesenen Meerespromenade. In den Lapilli-Vorgärten der von Manrique konzipierten Anlage wachsen ausschließlich einheimische Pflanzen. Manrique hat sich

sitz des 1999 verstorbenen jordanischen Königs Hussein II. Nun gehört das Gästedomizil wieder dem spanischen König Juan Carlos. Ein Hubschrauberlandeplatz, von der Straße kaum zu erkennen, befindet sich auf dem Gelände.

Einputten in Palmen-Traumlandschaft – das bietet Lanzarotes einziger Golfplatz bei Costa Teguise dem sportlich Ambitionierten

auch um die Verschönerung des nicht gerade attraktiven, 1977 erbauten Luxushotels **Gran Mélia Salinas** bemüht, in dem er das Innere sowie die Pool- und Gartenanlagen umgestaltete. Hinter dem Hotel folgt die kleinere, feinsandige **Playa de Los Charcos** mit dem ›Lanzarote Beach Club‹. Gegenüber, auf der Landseite, steht Hotel an Hotel, Apartmentanlage an Apartmentanlage. Dazwischen findet man zahlreiche Supermärkte.

ℹ️ Praktische Hinweise

Information

Oficina Municipal de Turismo de Costa Teguise, Centro Comercial Los Charcos, local 11, Avenida Islas Canarias, s/n, Costa Teguise, Tel. 928 82 71 30, Fax 928 59 29 89, costateguise@teguiselanzarote.com, Mo–Fr 9.30–13 Uhr

Golfplatz

Golf Teguise, 3 km nordwestlich der Costa Teguise links der Straße nach Tahíche, Tel. 928 59 05 12, www.lanzarote-golf.com. Schöner, palmenbestandener 18-Loch-Platz mit Bar-Restaurant und Golfladen.

Tauch- und Surfschulen

(alle an der Playa de las Cucharas)

Calipso Diving, Avenida de las Islas Canarias, Costa Teguise, www.calipso-diving.com, Tel. 928 59 08 79

Aquatis Divingcenter Lanzarote, Apdo. de Correos 104, Costa Teguise, Tel. 928 59 04 07, www.diving-lanzarote.net.

Mitgliedschaft: Padi, Barakuda Club, Verein deutscher Tauchschulen etc.

Surfen und Kiten, Costa Teguise, Informationen über mehrere Clubs unter www.surf.tunera.net

Hotels und Ferienwohnungen

TOP TIPP *****Gran Mélia Salinas**, Avenida Islas Canarias, Playa de los Charcos/Playa de las Cucharas, Costa Teguise, Tel. 928 59 00 40, Fax 928 59 03 90, www.solmelia.com. Das Paradehaus der Küste mit hervorragendem Service, direkt am ›eigenen‹ Strand, ein Riesenkasten aus Beton und Glas, der 1998 restauriert wurde. Die tropische Gartenanlage mit Poollandschaft wurde von Manrique konzipiert. Mit Luxusrestaurant La Graciosa.

****Oasis de Lanzarote**, Avenida del Mar s/n, Costa Teguise, Tel. 928 59 04 10, Fax 928 59 07 91, www.occidental-hoteles.com. Das 2,5 km vom Zentrum entfernte und durch eine Nebenstraße vom kleinen Strand getrennte Hotel besitzt eine hübsche Poollandschaft.

****Occidental Teguise Playa**, Playa del Jablillo, Costa Teguise, Tel. 928 59 06 54, Fax 928 59 09 79, www.occidental-hoteles.com. Wer Sport treiben möchte, ist in diesem großen Hotel mit seinem schönen Sandstrand an der richtigen Adresse.

***Apartments Nazaret**, Avenida Islas Canarias 1, Costa Teguise, Tel. 928 59 08 68, Fax 928 59 08 66, www.apartamentos nazaret.com. Die gepflegte Anlage verfügt u.a. über zwei beheizte Süßwasserpools und ein Kinderbecken.

Kunst und Badefreuden vereint die von César Manrique gestaltete Badelandschaft des Hotels Gran Mélia Salinas in Costa Teguise

Kunterbunt und fröhlich – Manriques Windspiel ›La Energia de la Píramide‹ vor der Fundación César Manrique bei Tahíche

Restaurants

El Lobo Marino, Playa de las Cucharas, Costa Teguise. Freundliche Snackbar und Pizzeria direkt am schönen, durch Wellenbrecher geschützten Strand. Große Sandwich-Auswahl und Spezialfrühstück von 9 bis 12 Uhr.

El Vesubio, Apartamentos Neptuno, Locál 3, Costa Teguise, Tel. 928 59 00 90. Beliebtes Terrassen-Restaurant mit Blick auf die Playa del Jablillo; warme Küche von 12 bis 23 Uhr.

Las Caletas, Las Caletas 46, Costa Teguise, Tel. 928 59 10 46. Das kleine Restaurant am Meer mitten im Ort ist auf frischen Fisch und Meeresfrüchte spezialisiert.

Mesón La Jordana, Calle Los Geranios, C.C. Lanzarote Bay, local 10-11, Tel. 928 59 03 28, So geschl. Das elegante Lokal bietet eine reiche Vorspeisenauswahl, Spezialitäten für den Hauptgang sind Lammkeule und Kaninchen.

3 Fundación César Manrique *Plan Seite 34*

TOP TIPP *Das einstige Wohnhaus des Künstlers César Manrique bildet einen der größten Anziehungspunkte der Insel.*

Von Arrecife und von Costa Teguise gleich weit, ca. 5–6 km entfernt, steht beim kleinen Dorf *Tahíche* inmitten von schwarzen Lavafeldern das einstige Wohnhaus Manriques, das seit 1992 die Fundación César Manrique beherbergt (Juli–Okt. tgl. 10–19 Uhr, Nov.–Juni Mo–Sa 10–18. So 10–15 Uhr, Tel. 928 84 31 38, www.fcmanrique.org). Das bunteste und fröhlichste Windspiel des berühmten Künstlers dreht sich vor dem Eingang des Anwesens, das Manrique ursprünglich als Privatdomizil erbaut hatte. Doch als der Besucheransturm immer größer wurde, zog er sich in sein Lieblingsdorf Haría [Nr. 16] zurück und überließ das Haus in Tahíche der von ihm gegründeten Stiftung als Museum.

33

Gerne erzählt man sich, wie Manrique, 1968 aus Amerika auf seine Heimatinsel zurückgekehrt, inmitten des erstarrten Lavaflusses der Vulkanausbrüche 1730–36 die sattgrünen Blätter eines Feigenbaumes entdeckte, die aus einer Lavablase herausragten. Davon und von der ansonsten finsteren Kargheit und Wildheit der Vulkanhöhlen war er so begeistert, dass er sie dem Bauern, dem sie gehörten, abkaufen wollte. Doch der *Campesino* schenkte ihm das Stück Land, das in seinen Augen völlig wertlos war.

Fünf miteinander verbundene Vulkanblasen bilden den Kern des Anwesens, das zu einem Magnet nicht nur für Architekten, sondern praktisch für jeden Lanzarote-Besucher geworden ist. Kein Wunder: Hier hat Manrique sein Credo – die Einbeziehung von Mensch und Natur in die Architektur – verwirklicht wie in keinem anderen seiner Werke.

Vor dem Museum begrüßen den Besucher heute das erwähnte Windspiel **La Energia de la Píramide**, die ›Energie der Pyramide‹, und die Manrique-Skulptur **El Triunfador**, der ›Triumphierende‹. Links liegt, vom übrigen Museumsbetrieb abgetrennt, ein Raum für wechselnde Kunstausstellungen. Hier ist es – abgesehen von den Vernissagen – stets angenehm ruhig. Der eigentliche Rundgang beginnt im **Innenhof** der Fundación, in

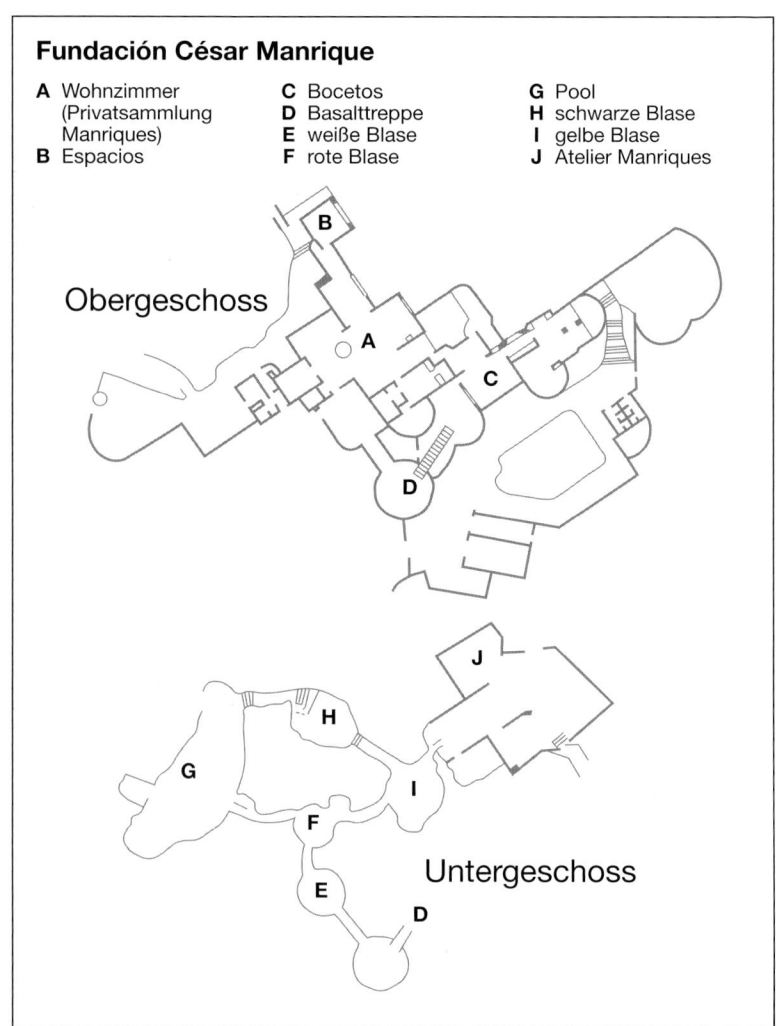

Fundación César Manrique

A	Wohnzimmer (Privatsammlung Manriques)	**C**	Bocetos	**G**	Pool
		D	Basalttreppe	**H**	schwarze Blase
		E	weiße Blase	**I**	gelbe Blase
B	Espacios	**F**	rote Blase	**J**	Atelier Manriques

Obergeschoss

Untergeschoss

Kunstvolle Lichtinsel – ›gelbe‹ Lavablase in Manriques einstigem Wohnhaus

dessen Boden die oberen Öffnungen von zwei Lavablasen zu sehen sind. Die Knochen und Gegenstände, die man in ihnen gefunden hatte, dienen heute als Dekoration. Das zentral gelegene, sehr großzügige **Wohnzimmer** [**A**], das um eine besonders große Vulkanblase in der Mitte angeordnet ist, durch die man in ein unteres Gemach mit einer roten Skulptur blickt, beherbergt heute Manriques *Sammlung moderner Kunst,* die u. a. Werke von Joan Miró und Pablo Picasso, Antoni Tàpies und Pierre Alechinsky, Manuel Valdés und Eduardo Chillida, Pedro González und Amedemo Gabino umfasst.

Anschließend geht es hinaus ins Freie und dann wieder in einen **Saal**, in dem Manrique einmal mehr sein Können demonstrierte, Kunst und Natur in Einklang zu bringen. Überwältigend ist allein schon der Blick durch das große Fenster

links auf die kleinen weißen Kuppeln inmitten der Lava, die zum eigentlichen Sitz der Stiftung abseits des Museumsgebäudes gehören. Einen Vulkangang mit eingestürzter Decke hat Manrique in einen kleinen **Hof** mit Pool, Sitzgruppe und vielen Pflanzen verwandelt.

Im **Espacios** [**B**] genannten Raum sind wieder einige von Manriques Arbeiten zu bewundern. Über einen langen Korridor mit Werken moderner Kunst gelangt man zurück ins große Wohnzimmer. Manriques früheres Schlafzimmer, das nun **Bocetos** [**C**] (›Entwürfe‹) heißt, präsentiert viele seiner *Skizzen*, vor allem für seine Windspiele, aber auch für Skulpturen, Keramiken und Wandgemälde.

Eine eindrucksvolle **Basalttreppe** [**D**] führt nun abwärts, hinein in die fünf Vulkanblasen, die Manrique durch Röhren miteinander verbunden und verschiedenfarbig ausgestaltet hat. Man kommt

Harmonie von Kunst, Architektur und Natur im Innenhof der Fundación César Manrique

in die **weiße Blase** [**E**] und dann in die **rote Blase** [**F**], die man vom großen Wohnzimmer aus sehen kann. Von dort gelangt man zum **Pool** [**G**] und weiter in die **schwarze Blase** [**H**], die durch viele Pfeiler gestützt wird. Über die **gelbe Blase** [**I**] erreicht man schließlich das frühere **Atelier Manriques** [**J**], in dem heute die Colección Manrique, die Kernsammlung seiner eigenen Werke, aufbewahrt wird. Hier kann man deutlich erkennen, wie sehr Manrique seiner Insel verhaftet war. Viele seiner meist großen Bilder sind in Mischtechnik aus Ölfarbe – meist in Erd- und Vulkantönen – und Gestein oder Asche geschaffen. Sie sind zugleich Gemälde und Reliefs. ›Pintura 58‹ von 1965 etwa wirkt, als sei ein Stück vielfarbige, poröse Lavafläche dünn abgetragen und dann auf Leinwand geklebt worden. Manrique wäre kein Sohn seiner Insel, wenn er nicht auch die Entstehung eines Vulkans thematisiert hätte, z. B. auf zwei Gemälden ohne Titel von 1991. In ›Color de la tierra‹ (Farbe der Erde) von 1992 schließlich hat er die vulkanische Hitze des Bodens in allen erdenklichen Rottönen, mit Sandfarbe vermischt, zur Darstellung gebracht. Man fürchtet sich beinahe, näher an das 200 x 340 cm große Bild zu treten, weil es so realitätsgetreu wirkt.

Beeindruckend ist auch die Gestaltung des *Fensters* in diesem Raum: Die schwarze Lavamasse scheint durch die Scheibe zu fließen … Und schon ist man nach

Lanzarotes bedeutendste archäologische Grabungsstätte – vom altkanarischen Castillo de Zonzamas ist noch längst nicht alles freigelegt ▷

einem auch für ›kleine Kunstfreunde‹ aufregenden Museumsbesuch wieder im Freien und steht vor einem großen farbenfrohen Keramik-Wandbild Manriques. In der **Tienda**, dem stiftungseigenen Laden, kann man Kunstbücher und Andenken mit Manrique-Zeichnungen oder Skizzen kaufen oder sich an der kleinen Bar erfrischen.

Ausflug

Rund 2 km westlich von Tahíche, mit Blick auf die *Montaña de Maneje* (284 m) – ihre Südausläufer mit einem sehr alten Siedlungsgebiet wurden für den Straßenbau durchschnitten –, liegt an der LZ 34 Richtung San Bartolomé in schöner Panoramalage mit ganz Arrecife zu Füßen die sehenswerte, gut erhaltene **Quesera de Zonzamas** oder Quesera de los Majos. Man steht hier oben auf einem Plateau, an dessen südlichem Rand sich möglicherweise eine Kultstätte der Altkanarier befunden hat. Wie im Fall der Quesera bei den Jameos del Agua [Nr. 9] bleiben die Deutungen eher der Fantasie der Forscher überlassen, denn die Funktion der innerhalb eines Rundes aus dem steinigen Boden gehauenen langen *Rillen* bleibt rätselhaft. Angesichts der exponierten Lage darf man vermuten, dass diese Quesera in eine mauergeschützte Siedlung integriert war. Mit Blick auf das Meer kann man sich ihre Rolle als Altar gut vorstellen.

Ganz sicher zu einer *Schutzburg* gehörte die in Richtung San Bartolomé etwa 1 km entfernt auf der rechten Straßenseite liegende Anlage, die man zwar schon lange kennt, aber immer noch nicht vollständig freigelegt hat: das bis auf das 15. Jh. zurückgehende **Castillo de Zonzamas**. Was im Lager versteckt oder daneben zu erkennen ist (ummauerte runde und rechteckige Vertiefungen und Gänge), soll einmal zum Museo de Zonzamas zusammengefasst werden. Die Fundstücke – Stelen und Idole – aus dieser wohl bedeutendsten Ausgrabungsstätte Lanzarotes bewahrt man zum großen Teil noch in den regierungseigenen Magazinen auf.

Teguise – attraktive alte Hauptstadt

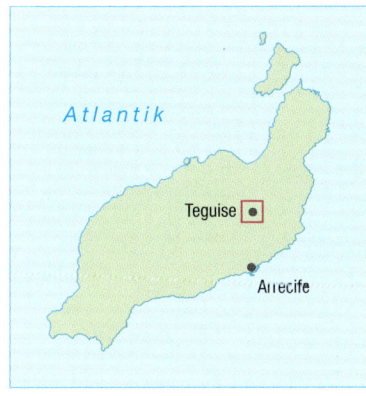

Teguise, die sicherlich schönste Stadt Lanzarotes, war der erste Regierungssitz der Insel, der in piratensicherer Entfernung vom Meer errichtet wurde. Glücklicherweise hat die einstige Hauptstadt viele ihrer historischen Bauten, vor allem die stattlichen **Adelspaläste** und die schmucken weißen **Kirchen**, bewahren können. Das Stadtbild wird geprägt von Türmen aus dunklem Basalt oder weißen Türmen mit Basaltecken und -aufsätzen, die aus einem scheinbar ungeordneten Gewirr strahlend weißer Häuser herausragen. Die typischen **Wohnhäuser** sind geschmückt mit braunen oder grünen Holzbalkonen und bis zum Boden reichenden Fenstern, oft mit dem typischen Guillotine-System, bei dem der untere Teil von innen nach oben geschoben und festgeklemmt wird. Ein Bummel durch die breiten, unregelmäßig gepflasterten Hauptstraßen und Gassen der früheren Inselkapitale gehört zu den größten Attraktionen Lanzarotes.

4 Teguise

Plan Seite 43

Die unter Denkmalschutz stehende Altstadt zählt zu den Schmuckstücken der Insel.

Im Rahmen der üblichen Inselrundfahrten werden Besucher lediglich kurz durch Teguise geschleust, sonntags gar nur schnell zum Hauptplatz geführt, auf dem dann der große, wenig attraktive **Markt** stattfindet. Viel Kitsch und afrikanisches Kunsthandwerk, doch wenig Inseltypisches im Angebot, auch wenn ein paar einheimische Künstler hier ihre Werke anbieten. Um so lohnender ist es, die Stadt bei einem längeren Besuch richtig kennenzulernen. Von den max. 20 km entfernt liegenden Hotels in Costa Teguise, Arrecife und Puerto del Carmen aus ist das auch abends kein Problem. Übrigens steht die ganze Altstadt von Teguise seit den 1980er-Jahren unter **Denkmalschutz**. Dadurch wurde das Zentrum einer der bedeutendsten Städte des Kanarischen Archipels gerettet.

Geschichte Teguise ist nach Betancuria (1404) auf Fuerteventura die älteste spanische Siedlung der Kanaren (1418). Die Eroberer gaben dem Ort zunächst den Namen *Aldea Grande*, großes Dorf. Stadtgründer **Maciot de Béthencourt**, Neffe von Jean de Béthencourt, benannte seine Neugründung, für die er portugiesische und spanische Architekten auf die Insel holte, nach Prinzessin Teguise, jener einheimischen Königstochter, die er zur Frau genommen hatte.

Von Anfang an war der Ort wohlhabend und blieb es trotz zahlreicher Piratenüberfälle, die auch im sichereren Inselinneren nicht ausblieben. Das 1455 zur **Villa Real**, zur ›königlichen Stadt‹, erhobene Teguise wurde bald auch **Bischofssitz**. In der Folge entstanden viele bedeutende **Sakralbauten**, u. a. San Miguel, San Francisco und Santo Domingo. 1852 musste Teguise seine Hauptstadtrolle an das Hafenstädtchen Arrecife [s. S. 20] abgeben, worunter manch ein Teguiser noch heute bitter leidet.

Besichtigung Den Wagen parkt man am Rande der **Altstadt**, beispielsweise nahe der weithin sichtbaren Windmühle oder auf den gekennzeichneten Plätzen vor der Kirche San Francisco. In der Nähe

◁ *Teguise zeigt Stil und Charakter: Kirche San Miguel, Blick auf die Stadt vom Castillo Santa Bárbara und der turbulente Sonntagsmarkt*

hält auch der Linienbus aus Arrecife. Es ist beinahe Ehrensache, das historische Zentrum per pedes zu erkunden. Dafür bietet sich das kleine und recht übersichtliche Teguise geradezu an. Und wer eine Pause einlegen möchte, ist in einer Bar oder einem Restaurant bestens aufgehoben.

Vom Aussichtspunkt Castillo de Santa Bárbara [s. S. 46] ist deutlich zu erkennen, dass die Stadt einem schachbrettartigen Grundriss folgt. Ihre breiten Gassen, die von prächtigen Adelspalästen flankiert sind, wurden schräg angelegt, sodass das wenige Regenwasser in die großen Zisternen unter dem heutigen Parque de La Mareta [s. S. 41] ablaufen konnte. Fast alle Gebäude im historischen Zentrum wurden inzwischen restauriert und größtenteils einer öffentlichen Nutzung als Museum, Kulturzentrum oder Restaurant zugeführt.

Von San Francisco zum Parque de La Mareta

Ganz gleich, ob man mit dem Auto oder mit dem Bus ankommt, am Anfang eines Stadtbummels könnte gut **San Francisco** ❶ stehen. Die zweischiffige, 1590 auch der *Madre de Diós de Miraflores* ge-

weihte Kirche blickt auf eine recht turbulente Geschichte zurück. Schon 1618 fiel das Kloster, zu dem sie gehörte, einem brutalen Piratenüberfall zum Opfer. Mit Hilfe von Spendengeldern konnte wenigstens die Kirche schnell wieder aufgebaut werden. Doch auch vor ihr machte die Säkularisierungswelle zu Beginn des 19. Jh. nicht Halt. Nach langem Hin und Her wurde das Gotteshaus schließlich 1835 von der Kommune übernommen, was aber an ihrem schlechten Erhaltungszustand zunächst nichts änderte. Erst vor einigen Jahren hat man San Francisco mit seinen besonders hübschen Vulkanstein-Portalen und dem grausschwarzen (glockenlosen) Glockenturm angemessen restauriert und zunächst als Kulturzentrum für Konzerte und Ausstellungen genutzt.

Seit 1998 dient das Gebäude nun als **TOP TIPP** **Museo Sacro** (Sakralmuseum; in der Regel tgl. 10–13 Uhr) und birgt eine sehr sehenswerte Sammlung von ca. 70 Exponaten aus aufgelassenen Kirchen und Klöstern Teguises und seiner Umgebung. Zu den Höhepunkten des Museums zählen die Kollektion von *Cristus populares*, volkstümlichen Christuskind-Figuren aus dem 18. und 19. Jh., sowie ein 20 cm hohes Renaissance-Kruzifix. Auf-

◁ *Ansehnlicher Akzent im hell leuchtenden Häusermeer von Teguise – der dunkel abgesetzte Turm der Pfarrkirche San Miguel an der Plaza de la Constitución*

Die **Weinsammlung** der heutigen Besitzer darf mit Recht als historisch bezeichnet werden, und manches Etikett eines alten edlen Tropfens (z. B. El Grifo von 1880) stammt von einem großen Künstler des 20. Jh., etwa von Pablo Picasso oder Andy Warhol.

Übereck steht an der Querstraße Espiritu Santo das von den Teguisern liebevoll ›Teatrillo‹ genannte **Teatro Municipal Hermanas Manuela y Esperanza Spinola** ❸, das am 24. Mai 1995 nach langer Restaurierungszeit feierlich wieder eröffnet wurde und seither zu Theateraufführungen, Konzerten oder Lesungen lädt.

Spaziert man die Gasse weiter, erreicht man den riesigen **Parque de La Mareta** ❹, in dem manchmal ein Festzelt steht oder ein Lunapark stattfindet. Auch einen Abenteuerspielplatz gibt es hier inzwischen. Unter dem Park befindet sich die – mit 40 m Durchmesser und 9 m Tiefe – wohl größte Zisterne der Insel, die bereits im 15. Jh. angelegt wurde, um die Wasserversorgung der Einwohner Teguises sicherzustellen.

Von hier geht es dann wieder zurück ins historische Zentrum, in die **Calle La Sangre** ❺, die zur Plaza de la Constitución und damit zur Pfarrkirche führt.

Einer der Schätze im Museo Sacro von San Francisco – Altar im Inselbarock (um 1700)

merksamkeit schenken sollte man darüber hinaus der edlen **Architektur** der beiden großzügigen Kirchenschiffe, die durch fast raumhohe Rundbögen miteinander verbunden sind. Einen Blick wert sind außerdem die schönen Mudéjardecken und die sorgsam restaurierten Altarwände an den Schmalseiten. Besonders hübsch ist das rechte Retabel, dessen naive Holzschnitzereien Figuren und üppige Früchtearrangements zeigen.

Am Taxistand vorbei geht es jetzt Richtung Pfarrkirche. Doch an der Calle Marqués de Herrera sollte man erst einmal rechts abbiegen und einem der ältesten Paläste der Kanaren, dem **Palacio del Marquéz de Herrera y Rojas** ❷, einen Besuch abstatten. Nach intensiver, 18 Jahre dauernder Restaurierung hat hier ein deutsches Paar 1998 eine Bodega mit Weinprobierstube eröffnet (außer Sa ab 12 Uhr). Bauherr dieses edlen Stadthauses war 1455 jener Graf, dessen Namen es trägt. Errichtet ist das Gebäude um einen geräumigen **Innenhof**, der ungewöhnlich lang gestreckt ist. Im vorderen Teil des Gebäudes liegen die großzügigen Herrschaftsräume, hinten die kleineren Zimmer für die Dienstboten.

Hübsch herausgeputzt präsentiert sich seit seiner Restaurierung 1995 das liebevoll ›Teatrillo‹ genannte Stadttheater von Teguise

Der Name ›Blutgasse‹ erinnert an die entsetzlichen Piratenüberfälle des 15. und 16. Jh., bei denen die Bevölkerung stark dezimiert und die Stadt gebrandschatzt wurde. 1569 allerdings hatten die Franziskanermönche die Gefahr rechtzeitig erkannt und die Bewohner von Teguise gewarnt. Diese konnten die Barbaren in eine Falle, eben in jene Gasse, locken, in der dann ein furchtbares Gemetzel stattfand.

Plaza de la Constitución

Den zentralen Platz der Stadt, die mit Palmen, Indischen Lorbeerbäumen und Aurocarien geschmückte, unregelmäßig geformte **Plaza de la Constitución**, säumen prachtvolle historische Gebäude und die Pfarrkirche **San Miguel 6**. Sie ist sowohl dem Erzengel Michael als auch *Nuestra Señora de Guadalupe* geweiht (Mo–Fr 10–13 Uhr). Der Glockenturm aus rotem Vulkanstein mit schwarzem Aufsatz und weißer oktogonaler Haube ist recht klotzig geraten. Überhaupt wirkt der gesamte Bau ein wenig unharmonisch, was nicht verwundert, wenn man die wechselhafte Geschichte der Kirche etwas genauer studiert: 1428 als kleines, einfaches Gotteshaus – eines der ältesten auf den Kanarischen Inseln – errichtet, wurde sie häufig von Barbaren geplündert und immer wieder umgebaut und

vergrößert. 1909 erlitt die Kirche jedoch ihre schlimmsten Schäden durch einen Brand, dem fast die gesamte Ausstattung zum Opfer fiel. Deshalb präsentiert sich heute das **Innere** des dreischiffigen, tonnengewölbten Gotteshauses in einem neogotischen Zuckerbäckerstil. Unterstrichen wird dieses Erscheinungsbild noch durch den weißen Anstrich und die weißen Altäre. Aus dunklem Holz bestehen nur die Orgelempore und das westliche Ende des rechten Seitenschiffes. Einen großartigen Blickfang bildet der **Chor** mit seinen Spitzbögen und den sehr schlanken Pfeilern zwischen den gemauerten Bänken.

Die *rechte Kapelle* vor dem Chor birgt die zauberhafte, hochverehrte Statue der Jungfrau von Guadalupe. Diese **Mondsichel-Madonna** ist gewandet in einen schwarzen Samtmantel mit Goldstickerei und trägt auf dem Kopf eine schwere, von einem silbernen Strahlenkranz umgebene Krone. Zur Chorkapelle schwingt sich eine breite Treppe empor, deren schöne schmiedeeiserne Schranken mit Rebmotiven und Kornähren verziert sind.

Verlässt man die Kirche und tritt wieder auf die schöne Plaza de la Constitución, so erblickt man links ein altes Patrizierhaus, in dem seit vielen Jahren das beliebte **Restaurant Acatife** untergebracht ist. Daneben hat sich eine **Tienda** etabliert, in der man typische Stickereien der Insel, Decken, Tücher und Blusen, als Mitbringsel erwerben kann.

An der linken unteren Seite des Platzes steht etwas verloren ein kleines Gebäude aus großen Quadern, das wie eine zweischiffige Kapelle wirkt: **La Cilla 7**, das einstige Zehnthaus, in dem 10 % der Ernte abgegeben werden mussten. Das restaurierte Haus aus dem 17. Jh. beherbergt heute die Sparkasse und kann daher ohne Probleme während der Dienststunden (im Winter Mo–Fr 8.30–14, im Sommer 8.30–13.30 Uhr) besichtigt werden.

Innen glaubt man sich dann in einem der hübschen kleinen Bauernmuseen der Insel wiederzufinden – ein Eindruck, der vor allem durch die kanarischen Töpferwaren hervorgerufen wird, die hier ausgestellt sind.

Vom Museo Palacio Spínola bis Santo Domingo

Zwei etwas steif wirkende Steinlöwen blicken von der an dieser Stelle etwas erhöhten Plaza de la Constitución auf einen der schönsten Stadtpaläste von Teguise.

Schon seit langem ist er als **Museo Palacio Spínola** 8 zugänglich (Sommer tgl. 10–16 Uhr, Winter Mo–Fr 10–17, Sa, So, Fei 10–16 Uhr). Auch wenn es 100 Jahre gedauert hat (1730–1830), bis dieses Herrschaftshaus fertig gestellt war, wirkt es dennoch harmonisch. Die Inselregierung benutzt zeitweise einige Räume für Repräsentationszwecke und empfängt hier Staatsgäste. Da der Palast bis 1974 von Adelsfamilien bewohnt war, hat seine Bausubstanz kaum gelitten. 1984 erwarb die Stadt Teguise das schöne historische Gebäude und ließ es zu einem Museum umfunktionieren. Seit 1989 aber dient es als offizielle Residenz des Präsidenten der Kanarischen Inseln.

Der letzten Restaurierung ist es zu verdanken, dass der ursprüngliche Charak-

ter des Wohnpalastes wieder hergestellt wurde. So kann sich der Besucher gut vorstellen, wie ›die Herrschaften‹ einst lebten – und z. B. die hohen Fenstertüren mit ihren dicken Holzläden bewundern. Auf den Holzbänken darunter saßen früher die Frauen bei der Hausarbeit. Licht kam durch die oberen Sprossenfenster, auf Straßenniveau gab es jedoch keine Fenster, denn neugierige Blicke ins Innere waren nicht erwünscht.

Die **Räume** sind mit wunderschönen alten, heute unbezahlbaren Holzbohlen aus dem Kernholz der Kanarischen Kiefer, Tea, ausgelegt. Das ganze Haus ist – bis auf einen modernen Salon und ein Büro mit Originalmöbeln ausgestattet. Mehrere *Speisesäle* mit schön gedeckten langen Tischen scheinen geradewegs zum

Bitte zu Tisch – die festlich gedeckte Tafel im Speisesaal des historischen Palacio de Spínola scheint nur auf Gäste zu warten

opulenten Mahl einzuladen. Die große historische *Küche* mit separatem Eingang im rückwärtigen Teil des Hauses ist ein wahres Prachtexemplar, doch hinter den fein gearbeiteten Holzgittern verbirgt sich eine moderne Küchenausstattung. Überall im hinteren Bereich tropft es aus farnbewachsenen steinernen Wasserfiltern, wie sie früher zu jedem kanarischen Haus gehörten. Im angrenzenden **Hof** mit dem ausladenden Feigenbaum in der Mitte, den drei dekorativen Palmen und der obligatorischen Zisterne hat man einen großen Freisitz eingerichtet. Zu dem Komplex gehört auch die gleich links vom Eingang gelegene kleine Kapelle mit ihrem wunderschön gearbeiteten Holzaltar.

Quasi auf der Rückseite des Spínola-Palastes ragt ein höheres Gebäude über das Häusergeviert hinaus: die **Casa Torres** ➒ aus dem 18. Jh. Das frühere Privathaus des Kirchenmannes Bartolomé Torres kann zwar innen nicht besichtigt werden, ist aber auch von außen wegen seiner schießschartenähnlichen Öffnungen im mächtigen Sockelgeschoss auf jeden Fall einen Blick wert.

Gegenüber befindet sich die kleine **Galeria**, eine nette Bar in deutschem Besitz, in deren Räumen Bilder und Plastiken junger Inselkünstler ausgestellt werden. Klar, dass sie auch als ihr Treffpunkt gilt.

Über die Calle Higuera, die Plaza Maciot de Béthencourt und die Calle Correo gelangt man zum hübschen Gebäude des **Archivo Histórico** ➓ aus dem 18. Jh. (Mo–Fr 9–15 Uhr). Obgleich hier gearbeitet wird, empfindet es niemand als störend, wenn man freundlich um Einlass bittet. Neugierige werden auf Wunsch sogar durch das historische Archiv, das Dokumente über Lanzarote und die Kanaren hütet, die Bibliothek und in den kleinen Hof geführt. Ein bemerkenswertes Detail, das sich in vielen Prospekten über Teguise wieder findet, kann man bereits am Eingang betrachten: die stilisierte Blume in den zehn großen Kassetten des hölzernen Portals und im unteren Bereich der beiden Fenster rechts und links. Sie ist inzwischen zu einer Art Symbol für den Ort geworden.

Wer die Calle Carniceria vor dem Archiv in Richtung Parque de La Mareta zur Calle El Rayo läuft, stößt an der Ecke zur großen Zisterne auf ein ungewöhnliches Gebäude. Die um 1700 als Kaserne erbaute **Casa Cuartel** ⓫ besitzt auf der linken Seite einen turmähnlich erhöhten, zweistöckigen Teil mit einem zierlichen Holzbalkon, der ebenso wie Türen, Fenster und Ecksteine braun gestrichen ist.

Ein kleines Stück weiter nördlich, an der etwas gesichtslosen *Plaza de la Veracruz,* trifft man auf ein dreiteiliges, einer

Garage nicht unähnliches Gebäude, das die **Werkstatt** des *Timple*-Bauers von Teguise beherbergt. Das kleine bauchige und klangvolle Zupfinstrument ist übrigens rein kanarischen Ursprungs. Neben an steht die kleine, restaurierungsbedürftige **Iglesia Veracruz** von 1740. Von hier aus hat man einen schönen Blick auf die Pfarrkirche und auf ein paar Wohntürme des Städtchens, die zwischen den Dächern der ansonsten meist einstöckigen Paläste herausragen.

Im südwestlichen Teil von Teguise, an der Plaza General Franco mit dem kleinen Stadtpark, erhebt sich das ehem. Dominikanerkloster **Santo Domingo** 🅬, in dessen Konventsraume das **Rathaus** eingezogen ist. In der aufgelassenen Kirche mit ihren beiden schönen Portalen aus rotem Vulkanstein finden wechselnde Ausstellungen moderner Kunst statt (So–Fr 10–16 Uhr). Das zweischiffige Gebäude, dessen hohe Bögen auf vier schwarzroten, runden Lavapfeilern ruhen und so den Hallencharakter betonen, besaß hervorragende Schnitzaltäre. Doch im Laufe der Zeit sind einige verloren gegangen, andere, wie das vergoldete Retabel am Ende des linken Kirchenschiffes, sollen noch restauriert werden.

Ein Tipp: In Teguise kommen Kneipenfans bestens auf ihre Kosten. Fündig werden sie vor allem in den Gassen zwischen dem Rathaus und der Pfarrkirche San Miguel.

Timple-Bauer Esteban präsentiert das traditionelle Zupfinstrument Lanzarotes

Castillo Santa Bárbara

Anschließend sollte man den Wagen nehmen – es sei denn, man möchte gerne eine steile Asphaltstraße im Osten von Teguise entlangwandern –, um hinauf zum allgegenwärtigen **Castillo Santa Bárbara** 🅭 am Rande der Montaña de Guanapay zu kommen (tgl. 10–17 Uhr). Schon früh, zu Beginn des 14. Jh., gab es auf diesem Hügel einen kleinen befestigten Stützpunkt. Etwa 200 Jahre später ließ *Don Sancho de Herrera* hier einen Turm zur Feind-

Schroff und abweisend – das Castillo Santa Bárbara am Rande der Montaña de Guanapay beherbergt heute das interessante Museo del Emigrante

In der von César Manrique geschaffenen Casa Omar Sharif in Nazaret lebte kurze Zeit der berühmte Schauspieler – bis er das Haus beim Kartenspiel verlor

beobachtung errichten, um den 1551 eine starke, rautenförmige Mauer gezogen wurde. 1588 dann hatte König Philipp II. seinen italienischen Festungsbaumeister Leonardo Torriani nach Lanzarote geschickt, der in Arrecife [s. S. 19] arbeiten, aber auch die Burg auf dem Guanapay verstärken sollte. Ihm sind die Bastionen, Türme und Schießscharten ebenso zu verdanken wie die starken Abböschungen.

Von 1618 existieren Notizen, die berichten, dass die Anlage zu jener Zeit 130 x 27 m groß gewesen sei. Danach begann der Verfall. Erst 1960 wurde das Castillo vom ›Verein Freunde der Burg‹ in einem ersten Anlauf restauriert. Eine zweite, vom Kulturausschuss der Insel initiierte Renovierung unter der Leitung des Architekten Alemany 1977 missglückte gewaltig. 1989 schließlich gelang es der Kommunalverwaltung von Teguise, das Castillo so wieder herzustellen, wie Torriani es ursprünglich konzipiert hatte. Oder fast so. Denn in den waffenstarrenden Festungsbau wurde das interessante **Museo del Emigrante** (Museum des Emigranten) integriert. In acht Sälen sind Dokumente und Erinnerungsstücke zu den verschiedenen Auswanderungswellen ausgestellt. Nachdem die verheerenden Vulkanausbrüche 1730–36 ihr fruchtbares Ackerland vernichtet hatten, machten zahlreiche Inselbewohner vor allem Südamerika zu ihrer neuen Heimat. Aber auch über die Rückwanderungswellen im 19./20. Jh. wird informiert.

Abgesehen von dieser lehrreichen, auch deutsch beschrifteten Ausstellung ist die **Festungsanlage** selbst eine echte Sehenswürdigkeit und einen Rundgang wert. Grandios ist der Blick vom Söller über den feinen Villenort *Oasis de Nazaret* hinweg bis nach Arrecife. Achtung: Wer nicht schwindelfrei ist, könnte Probleme beim Aufstieg zur Festung über die steile, geländerlose Treppe zur kleinen Zugbrücke bekommen.

Nazaret selbst lohnt einen Abstecher wegen der von César Manrique in den 1970er-Jahren entworfenen, in die Felsklippen hineingebauten **Casa Omar Sharif** (Calle Los Loros 6, Di–Sa 12–24, So 12–18 Uhr, www.lag-o-mar.com), die der berühmte Schauspieler allerdings nur kurze Zeit bewohnte. Seit er das Anwesen bei einem Bridgespiel verlor, hat es sich zu einer Kulturstätte mit einer kleinen Kunstgalerie, Ateliers, Sonntags-Jazzkonzerten im Garten (14–16 Uhr), einem Restaurant sowie zwei Gästehäusern entwickelt.

ℹ Praktische Hinweise

Einkaufen

Casa Kaos, Calle León y Castillo nahe dem Palacio Spínola, Teguise. Vorwiegend kann man hier Schmuck, Bilder und Kleinkunst von der Insel erwerben.

Tienda, Plaza de la Constitución 12, Teguise. Authentische Spitzenarbeiten von den Kanaren.

Restaurants und Bars

Acatife, Plaza de la Constitución/Calle San Miguel 4, Teguise, Tel. 928 84 50 37. Angenehmes Restaurant um einen verglasten Patio. Man hat die Wahl zwischen fein gedeckten Tischen in zwei kleinen Räumen und einem eher bäuerlich ausgestatteten größeren Saal.

Bodega Santa Barbara, Calle La Cruz 5, Teguise, , Tel. 928 84 52 00. Hübsches Bistro mit begrünter Terrasse, kleine preiswerte Gerichte wie Tapas und Käseplatte (nur 11-17 Uhr, Sa geschl.).

Galeria, Calle Nueva 8, Teguise, Tel. 928 84 50 44. In der kleinen Bar unter deutscher Leitung gibt es leckere Sandwiches und Tapas. Die Galerie im Hinterzimmer ist ein Treff der Inselkünstler.

La Tahona, Calle Santo Domingo 3, Teguise, Tel. 928 84 58 92. Beliebtes Bar-Restaurant in einem historischen Haus nahe dem Rathaus, mit vielen vergilbten Fotos aus dem alten Teguise. Freitags spätabends mit Folkloredarbietungen.

Palacio del Marquéz, Calle Marquéz de Herrera y Rojas 9, Teguise, Tel. 928 84 57 73. Restaurierter historischer Palast mit schönem Patio. Dort gibt es Häppchen-Teller mit 16 Spezialitäten. In der Bodega werden ausgesuchte Weine aus aller Welt verkauft, Weinprobe nur nach Voranmeldung (ab 12 Uhr, Sa geschl.).

Inselarchitektur so recht nach Manriques Vorstellungen – weiße Mauern mit grünen Holzbalkonen und -fensterrahmen in Teguise

Beliebter Künstlertreffpunkt – in Teguises kleiner Tapas-Bar ›Galeria‹ finden das ganze Jahr über Ausstellungen junger Inselkünstler statt

Der Nordosten – Lavagrotten, 1000 Palmen und eine zauberhafte Fischerinsel

Es sind die sattgrünen **Kakteen** auf dem dunklen Lapilli-Boden, die die kontrastreiche Attraktion von Guatiza und Mala darstellen. Und weiter nördlich, im Malpaís de la Corona, hat César Manrique aus schwarzem Lavagestein und weißer Architektur die **begehbaren Kunstwerke** Jameos del Agua und Cueva de los Verdes sowie einen der schönsten **Aussichtspunkte** Lanzarotes, den Mirador del Río, geschaffen. Das hinreißende Dorf Haría mit seinen blendend weißen Häusern breitet sich inmitten des ›**Tals der 1000 Palmen**‹ aus. Von besonderem landschaftlichen Reiz ist auch die **Felsenküste** mit ihren Fischerdörfern (gute Fischlokale!) und kleinen Badebuchten im Osten. Und **La Graciosa**, die einzige bewohnte Insel des kleinen Archipels nördlich von Lanzarote, ist wegen ihrer schönen Strände und der himmlischen Ruhe mindestens einen Tagesausflug wert.

5 Guatiza

Kleines Dorf mit großem Kaktusgarten.

Einige Erhebungen ohne charakteristische Konturen trennen die Ostküste von der Asphaltstraße LZ 1, die von Arrecife in Richtung Norden führt: die hübsche, halbrunde **Montaña de Tahíche** (321 m), die flache, plateauähnliche **Montaña de Tinaguache** (235 m), die rundliche, fast gleich hohe **Montaña Téjida** und kurz vor Guatiza die **Montaña Tinamala** (324 m). Man passiert, von Tahíche kommend, das weiße Tor zur Costa Teguise. Schon von weitem erkennt man linker Hand die hohen Windräder des *Parque Eólico*, die in fünf Reihen einen ganzen Hügel besetzen und für die Meerwasser-Entsalzungsanlage bei Arrecife Strom produzieren.

Schon am Ortseingang von Guatiza breiten sich die ersten **Kakteengärten** hinter niedrigen Mäuerchen aus und ziehen sich bis zum nächsten Dorf Mala hin. Einst bildeten sie die Grundlage für den Reichtum der Insel: Hier züchtete man die Koschenille-Schildlaus, die den begehrten roten Farbstoff Karmin lieferte. Und so sieht man noch heute an den ohrenförmigen, stacheligen Blättern der Feigenkakteen ab und an kleine Säckchen: Hier sperren die Bauern die Mutter-Schildläuse ein, damit sie keinen allzu großen Schaden an den Pflanzen anrichten.

Eine schöne **Eukalyptusallee** führt durch das lang gestreckte Dorf Guatiza zu dem berühmten Kaktusgarten von Manrique. Zuvor jedoch biegt man erst einmal nach rechts ab zum einschiffigen Kirchlein **Santo Gusto** mit dem zwiebelturmähnlichen, plattgedrückten Aufsatz und der erstaunlich hohen Laterne. Ecken und Kanten des kleinen weißen Gotteshauses sind, wie so häufig auf Lanzarote, mit schwarzem Vulkanstein abgesetzt. Der Vorplatz mit gemauerten Bänken, Palmen und Kandelabereuphorbien lädt zum Verweilen ein, die Gassen rings um die Kirche sind gepflegt und zum hübschen Kinderspielplatz hin verkehrsberuhigt.

Zurück auf der Eukalyptusallee, fährt man jetzt weiter zum **Jardín de Cactus** (tgl. 10–19, im Winter bis 18 Uhr, Bar-Res-

◁ *Highlights im Nordosten von Lanzarote: Jardín de Cactus bei Guatiza, das Fischerstädtchen Orzola und La Graciosa, gesehen vom Mirador del Río*

49

Der rote Farbstoff der Koschenille

Im Jahr 1526 hatten spanische Seefahrer in Mexiko die **Schildlaus** und ihr Produkt, das heiß begehrte **Karminrot**, entdeckt. Doch erst 1853 wurden diese nützlichen Tierchen auf Lanzarote angesiedelt und auf den Opuntienfeldern gezüchtet. Da der Weinanbau Mitte des 19. Jh. aufgrund der Mehltauplage darniederlag, half der rote Farbstoff der Schildlaus, der vor allem in der Textilindustrie Verwendung fand, die Wirtschaft auf der Insel wieder anzukurbeln.

Den begehrten Farbstoff gewinnt man direkt aus den Insektenlarven. Die männliche Schildlaus, höchstens 1,6 mm lang, stirbt nach der Befruchtung, das flügellose weibliche Exemplar kann bis zu 6 mm groß werden. Die in Baumwollsäckchen eingepackten **Mutterläuse** legen ihre Eier auf den stacheligen und fleischigen Opuntienblättern ab. Die geschlüpften **Larven** saugen sich mit Opuntiensaft voll und werden anschließend von den Kakteen abgeschabt, getrocknet und danach zermahlen. Aus diesem Grundstoff wird dann **Karmin** hergestellt, womit auch Lippenstifte, Liköre und Fruchtsäfte gefärbt werden.

Die weißlichen Gespinste, die man auf den Opuntienblättern sieht, stammen von den abgestreiften Häuten der Larven. Für 50 g Karmin benötigt man etwa 1 kg Läusemasse, das sind rund 140000 Larven. Ein Bauer kann 3 bis 4 kg am Tag ›ernten‹. Da die Arbeitskräfte in

Die Gewinnung des roten Farbstoffes Karmesin aus der Koschenille erfordert auch heute noch viel mühsame Handarbeit

Süd- und Mittelamerika viel billiger sind, lohnt sich das Sammeln auf Lanzarote kaum noch. Augenblicklich wird das Kilo Trockenmasse mit umgerechnet 25 € gehandelt. Die Produktion wird jedoch von der Inselregierung **subventioniert**, um das Aussterben dieses traditionellen Erwerbszweigs zu verhindern. Und manche Bauern halten ihre Koschenille-Schätze zurück, da sie auf eine neue Hausse des natürlichen Farbstoffs spekulieren.

taurant bis 17 Uhr) am nördlichen Ortsrand, der durch einen überdimensionalen Kaktus aus Metall am Eingang ausgewiesen wird. 1989 hatte César Manrique begonnen, diesen speziellen Botanischen Garten inmitten der Opuntienfelder in einen aufgelassenen Steinbruch hineinzubauen, der ihm schon lange ein Dorn im Auge gewesen war: Die Bewohner der Umgebung schienen ihn als Müllabladeplatz zu benutzen. Bereits 1990 konnte der Jardín de Cactus eröffnet werden. An dessen nördlichem Rand bildet die restaurierte Gofio-Mühle eine zusätzliche Attraktion, denn von ihrer Spitze bietet sich eine schöne Aussicht.

Der Garten selbst wurde in einen Vulkantrichter hineingesetzt, an dessen Innenrand man auf mehreren ›Etagen‹ inmitten von Kakteen und anderen Wüstenpflanzen lustwandeln kann. Den Boden bedeckt vulkanisches Lapilli, wie es auch für den Trockenfeldbau benutzt wird. Insgesamt gedeihen auf dem 5000 m² umfassenden Areal mehr als 10 000 Exemplare 1400 verschiedener Pflanzenarten. Architektonisch einfühlsam hat Manrique auch das **Bar-Restaurant** aus dem Vulkanstein der Umgebung bauen lassen. Das wirkt sehr harmonisch und bildet zusammen mit dem dunklen Boden einen schönen Kontrast zu den sattgrünen Pflanzen und den farbigen Blüten. – Wie überall an solchen Ausflugsorten findet man auch hier einen gut sortierten **Buchladen** mit Literatur über Lanzarote und seine Pflanzenwelt.

6 Mala

Auch dieses Dorf breitet sich inmitten von Opuntiengärten aus und lebte früher von der Koschenille-Zucht.

Mala zehrt von Guatizas Ruhm, aber das stört die wenigen Bewohner des kleinen Ortes mit seinen windzerzausten Palmen und den Opuntiengärten hinter schwarzen Lavamauern nicht. Fast versteckt liegt leicht erhöht links der Durchfahrtsstraße das alte Zentrum mit seinem **Kirchlein**, das Nuestra Señora de la Merced geweiht ist: ein schlichter weißer Bau mit lavaschwarzem Portal und aufgesetztem Glockenstuhl. Der alte Kustode, der den Schlüssel verwaltet und im kleinen Bauernhaus gegenüber wohnt, pflegt liebevoll den Garten mit seinen dickstämmigen Palmen in akkurat geformten Steinkreisen und den Akazienbüschen. Die Holzdecke sowie die Bänke im Kirchenraum wurden erneuert. Die Figur des San Pedro, St. Petrus, steht auf einer Konsole rechts vom Hochaltar, auf dem Kopf eine hohe Tiara. Den Hochaltar selbst ziert ›La Merced‹ mit Kind, beide in weißen Brokatgewändern und mit Silberkrone.

i Praktische Hinweise

Restaurant

Don Quijote, Calle El Rostro 1, Mala, Tel. 928 52 93 01. Terrassen-Restaurant an der Hauptstraße im Süden des Ortes mit deutschem Wirt und mediterraner und vegetarischer Küche.

7 Arrieta

 Fischerdorf mit ›Blauem Haus‹ und einladenden Restaurants.

Auf der Weiterfahrt nach Norden hat man stets einen recht markanten Berg vor sich, die **Montaña Corona** (oder Monte Corona), einen Vulkan, der vor etwa 5000 Jahren den äußersten Nordostzipfel der Insel mit zerrissenen Lavabrocken, Malpaís – einem für die Bauern wertlos gewordenen ›schlechten Land‹ –, bedeckt hatte. Am Kreisverkehr mit dem roten **Windspiel** Manriques aus dem Jahr 1992, dem letzten, das er noch selbst aufstellen ließ und dessen ›Hütchen‹ nur mühsam die Balance mit den schweren Ringen zu halten scheinen, biegt links die

Eine wahre Augenweide ist das architektonisch originelle, zurzeit leerstehende ›Blaue Haus‹ am Rande des Fischerdorfes Arrieta

Schöne Kontraste – das weiße Fischerdorf Punta Mujeres vor der schwarzen Lavaküste ▷

Straße nach Tabayesco ab. Man kann von hier aus eine schöne Rundtour durch das fruchtbare Temisa-Tal nach Haría unternehmen.

Wer am Kreisel jedoch auf der Küstenstraße bleibt, gelangt auf nördlicher Route über Casas de El Canto nach Arrieta. Kurz vor dem Ortskern liegt rechts die **Playa de la Garita**, der durch eine Fußgängerbrücke mit dem Dorf verbundene, nicht besonders attraktive Badestrand. Am langen Steg, der weit ins Meer hinausführt, wurden früher die Tanker gelöscht. Jetzt hat man an sein Ende ein Sprungbrett montiert – zur Freude der einheimischen Jugend und der Feriengäste, die hier vornehmlich in Apartmentanlagen wohnen.

Ein beliebtes Fotomotiv steht im Norden des Ortes direkt am Meer: das Anfang des 20. Jh. errichtete pavillonartige **Blaue Haus** auf rotem Sockel über einer schwarzen Lavazunge, das mal Restaurant, mal Afrikanisches Museum war und heute leider leer steht.

Ganz in Rot – Manriques letztes Windspiel aus dem Jahr 1992 steht an der Straßenkreuzung bei Arrieta

Arrieta ist wegen seiner **Fischrestaurants** mittlerweile vor allem ein kulinarisches Ziel geworden. Kenner bevorzugen einheimische Fische wie *Viejas* (ein Papageifisch), *Salema* (Goldstriemen) oder *Sama* (Brasse).

ℹ Praktische Hinweise

Restaurants

Amanecer, Calle La Garita 46, Arrieta, Tel. 928 84 83 90. Gepflegtes, aber einfaches Familienrestaurant direkt über dem Meer. Als Hausspezialität stehen je nach Jahreszeit Seezungen oder Calamares auf dem Speiseplan (Do geschl.).

El Lago, Calle Los Morros 27, Arrieta, Tel. 928 84 81 76. Das feinste Fischrestaurant des Ortes besitzt eine Terrasse – jedoch nicht direkt am Meer, sondern auf der gegenüberliegenden Straßenseite. Es ist eingerichtet mit dunklen Tischen und einem großen Vulkanstein-Becken, in dem Langusten und Muscheln präsentiert werden. Spezialität sind Langusten sowie *Zarzuela* und *Caldo de Pescado* (Di geschl.).

Los Pescaditos, Calle La Garita 58, Arrieta, Tel. 928 84 82 66. Schlichtes kleines

Fischlokal mit *Tapas*-Bar und Meeresterrasse (Di geschl.).

8 Punta Mujeres

Beschauliches Fischernest.

Punta Mujeres, ›Kap der Frauen‹, heißt
der Ort, weil sich hier einst die Fischersfrauen aus den umliegenden Dörfern
trafen, um die Zeit ohne ihre Männer, die
Tage und Wochen auf hoher See ver-
brachten, zu überbrücken. Hier hüteten
sie gemeinsam ihre Kinder, stickten und
nähten. Punta Mujeres hat sein Aussehen
fast unverändert erhalten. Die kleinen
einfachen Reihenhäuser säumen die
parallel zur Hauptstraße verlaufende
schmale **Gasse** direkt am Meer. Schwarze
Lavabrocken begrenzen die felsige Küste,
im engen **Hafenbecken** schaukeln ein
paar Fischerboote. Dann folgt eine kleine
Sandbucht mit geradezu ›blondem‹
Sand im Scheitelpunkt – ein Planschpara-
dies für Kinder. Und der *Club Marinero* offeriert hier leckere Tapas. Es schließen
sich zwei weitere kleine Buchten an, letz-
tere sogar mit aufgeschüttetem hellen
Sand. An einer Seitengasse zur Hauptstraße hin liegt das einladende, wenn
auch manchmal überfüllte Restaurant
Avinguey. Kurz: Wer geruhsame Ferien in
guter, frischer Seeluft genießen möchte,
ist in Punta Mujeres noch gut aufgehoben. Viel Unterhaltung darf man nicht
erwarten, und wer Abwechslung sucht,
kann von hier aus nach Arrieta schlendern.

i Praktische Hinweise

Ferienwohnungen

Apartamentos Victor R. Guillen,
Calle los Cocedereos 12–14, Punta
Mujeres, Tel. 928 81 18 36. Schlichte
Unterkünfte in Meeresnähe.

Casitas del Mar, Carretera Arrieta –
Punta Mujeres s/n, Tel. 928 84 82 88, Fax
928 84 81 68, www.miriba-canarias.de.
Einfache Ferienanlage mit blauen Fensterläden und Dachterrassen.

Restaurant

Avinguey, Calle Pared del Agua/
Las Breñas s/n, Punta Mujeres,
Tel. 928 84 81 20. Freundliches, familiär
geführtes größeres Restaurant, in dem
man Fischspezialitäten, aber auch
Sandwiches und Tapas erhält.

Klangvoller Auftritt im beliebtesten Touristenziel der Insel – für musikalische Unterhaltung in den Jameos del Agua sorgen Folkloregruppen

9 Jameos del Agua

Die blinden Albinokrebse haben dieses Grottensystem fast bekannter gemacht als das großartige Natur-Architektur-Kunstwerk Manriques.

Nur etwa 2 km von Punta Mujeres entfernt liegen nahe der Küste die Jameos del Agua. Dieses Vulkangebilde verdankt seinen Namen dem altkanarischen Wort *Jameo*, was soviel wie Kamin oder Einbruch mit Öffnung nach oben bedeutet. Tatsächlich handelt es sich hier um einen Teil des mehr als 7 km langen Lavatunnels, der beim Ausbruch der *Montaña Corona* entstanden ist, als die oberen Lavaströme bereits erkaltet waren, während die unteren weiterflossen. Seit seiner Eröffnung 1966 ist das **Grottensystem** (tgl. 10–18.30 Uhr) das meistbesuchte Touristenziel der Insel. Denn man kann sich stundenlang darin aufhalten, sich musikalisch und kulinarisch verwöhnen lassen, dreimal wöchentlich an den Darbietungen einer Folkloregruppe ergötzen, in romantischer Atmosphäre tanzen, ein Museum besuchen und über die gelungene Arbeit César Manriques staunen, der das gesamte Höhlensystem derart erschlossen hatte.

Eine der Grotten wurde zu einem **Bar-Restaurant** mit Tanzfläche umgestaltet (Restaurant tgl. 19.30–23, Bar bis 2 Uhr, Di, Fr, Sa 19–2 Uhr Folklore, Abendkleidung erwünscht).

Auf einer tiefer liegenden Ebene befindet sich ein kleiner **Salzwasser-See**. Am Steigen und Sinken seines Wasserspiegels kann man den Gezeitenstand ablesen. Wie kleine Sterne leuchten da die unter Artenschutz stehenden, blinden **Albinokrebse** mit dem stolzen wissenschaftlichen Namen *Munidopsis polymorpha* in dem dunklen Gewässer. Die kleinen Tierchen, die normalerweise in den Tiefen der Ozeane zu Hause sind, könnten durch ein Seebeben in die Höhle gelangt sein.

Im Museum der Jameos del Agua, der **Casa de los Volcanes** (›Haus der Vulkane‹), sind auf 2500 m² Fläche und auf zwei Ebenen nicht nur eine seismographische Messstation und ein Konferenzraum untergebracht, in dem interessierte Besucher an Seminaren über die **Vulkanologie** der Insel und ihrer Nachbarinnen teilnehmen können. Auch die besondere Pflanzenwelt Lanzarotes, vorwiegend Sukkulenten, wird auf Fotos dokumentiert. Darüber hinaus erfährt man hier, dass mehr als ein Drittel Lanzarotes und die nördlich vorgelagerten Inseln unter Naturschutz gestellt sind. Naturschutz übrigens auch vor Ort: Die aufwendig gestaltete Casa de los Volcanes war ursprünglich als *Parador Nacional* konzipiert worden. Doch dann entschied man sich gegen das Hotel und für ein Museum.

Im 1977 eingerichteten **Auditorium**, einem unterirdischen Saal, der 500 Personen fassen kann, finden regelmäßig Klassik- oder Popkonzerte von Weltrang statt.

Restaurant

Jameos del Agua, in den gleichnamigen Höhlen, Tel. 928 84 80 20. Romantische Kerzenschein-Atmosphäre auf verschiedenen Ebenen, mit Folkloredarbietungen und Tanz. Dazu gibt es kanarische Spezialitäten und Weine (Bar 10–18.30, 19–2, Restaurant 13–15.30, 20–23.30 Uhr, ab 19 Uhr keine Shorts mehr!).

10 Quesera de Bravo und Cueva de los Verdes

Altkanarische Hinterlassenschaft und ein aufregendes Höhlensystem.

Von den Jameos del Agua zur Cueva de los Verdes sind es höchstens 5 Min. Fahrt. Auf der Strecke zweigt ein kaum erkennbarer Trampelpfad nach Süden ab. Er führt über spitzes Lavagestein mit kargem Tabaiba- und Verode-Bewuchs (Wolfsmilch und Oleanderblättrige Kleinie) zur zweitschönsten Quesera Lanzarotes nach jener bei Arrecife [s. S. 37]. Es ist nur ein kurzer Abstecher zu Fuß, es sei denn, man verläuft sich bei der Suche. Aber die Straße ist nicht weit, und so kommt man mit Sicherheit schnell wieder aus dem Lavagrund heraus.

🔺 **TOP TIPP** **Quesera de Bravo** wurde die archäologische Stätte von den Historikern genannt, doch welche Funktion sie hatte, darüber ist man sich noch uneins. *Quesera* heißt sie jedenfalls deshalb, weil ihr Rillenprofil im harten Gestein an ein Ablaufsystem erinnert, das man bei der *Käseproduktion* für das Abfließen der Molke braucht. Dass es sich um eine Art *Reihenmörser* handeln könnte, davon ist zumindest der ortsansässige Hobbyarchäologe Juan Brito sen. überzeugt, der Spuren von Korn in den Ritzen gefunden haben will. Vielleicht hat man hier aber auch die Äste der Tabaiba, des *Wolfsmilchgewächses*, zerquetscht, um so den milchigen Saft zu gewinnen, mit dem die Ureinwohner Fische fingen, Kranke

Opferaltar oder Reihenmörser? – die Quesera de Bravo zwischen den Jameos del Agua und der Cueva de los Verdes gibt ihre Geheimnisse nur zögerlich preis

Fantastisches Farbenspiel der Mineralien in der Lavahöhle Cueva de los Verdes

heilten und angeblich Handel mit den Römern trieben.

Am plausibelsten erscheint noch die Deutung als *Kultplatz*. Vielleicht handelte es sich bei diesen Steinmonumenten um Altäre, auf denen die Guanchen den Göttern Tierblut oder Milch opferten und sie um Regen anflehten. Jedenfalls stimmen die Wissenschaftler darin überein, dass die Queseras für die Altkanarier von großer Bedeutung gewesen sein müssen. Warum sonst hätten sie sich so geplagt, um die tiefen, breiten Rillen – ohne Metallwerkzeug! – in den harten Vulkanfels zu schlagen?

Nach diesem Ausflug ist die **Cueva de los Verdes** (tgl. 10–17/18 Uhr, letzte Führung 16/17 Uhr, Tel. 928 84 84 84) bald erreicht. Sie ist Teil eines mehr als 7 km langen Höhlensystems (das längste weltweit), das vom Corona-Vulkan kommend zu den Jameos del Agua verläuft und schließlich ins Meer mündet. Ob Sommer oder Winter, die Temperatur in den Höhlen liegt bei 18–19 °C, warme Jacken erübrigen sich daher. Die Cueva ist allein aufgrund ihrer größeren Ursprünglichkeit ein viel aufregenderes Höhlensystem als die beinah zu fein herausgeputzten Jameos del Agua [Nr. 9]. Man kann sie nur im Rahmen einer 20-minütigen **Führung** besichtigen. Einzelpersonen müssen abwarten, bis sich eine Gruppe gebildet hat, was aber selten lange dauert. Die Führer sind sehr versiert, geben aber leider nur spanische und schwer verständliche englische Erläuterungen. 1964 wurde die Cueva dem Publikum zugänglich gemacht. Sie besteht im Prinzip aus zwei großen übereinanderliegenden langen **Röhren** und kann auf einer Länge von etwa 1 km begangen werden.

Für die Guanchen waren solche Höhlen gute **Zufluchtsorte**, da sie wegen der meist engen Einstiege leicht verteidigt werden konnten. Juan Brito sen. hat darüber hinaus in dieser unwirtlichen Gegend weitere 66 kleinere Höhlen entdeckt und erforscht, die seiner Meinung nach den Altkanariern als *Wohnsitz* gedient haben müssen. Während der Vulkanausbrüche 1730–36 im Süden der Insel hatten sich viele Einheimische in den Norden geflüchtet und dort solche Höhlen bewohnt. In dieser hier soll eine Sippe namens *Los Verdes*, ›die Grünen‹, untergekommen sein, die es zumindest in der vorderen großen **Halle**, durch die man heute einsteigt, recht komfortabel gehabt haben müssen.

Auch wenn man die raffinierte indirekte *Beleuchtung* der Cueva, die auf Jesús Soto, den besten Elektriker Spaniens und Freund Manriques, zurückgeht, recht gut

ist, empfiehlt es sich dennoch, eine *Taschenlampe* mitzunehmen, um etwa interessante Felsformationen genauer betrachten zu können. Von der Eingangsgrotte steigt man eine steile Steintreppe hinab in eine lang gestreckte **Höhle**, in der die Lavabrocken wild durcheinander liegen. Der folgende lange **Tunnel** hat markante Querstreifen an den Wänden. Sie entstanden eventuell dadurch, dass die heiße Lava durch ein bereits vorhandenes, unterirdisches Flussbett geflossen ist. Dabei könnte sie die Steine, die links in der Höhle liegen, vor sich hergeschoben haben. Wieder geht es abwärts. Durch ein Loch kann man in der Höhe mehrere **Galerien** übereinander erkennen. Zwischendurch ist Bücken angesagt: Von der Decke hängen erstarrte Lavatropfen, die aussehen wie erkalteter Schokoladenguss. Die Wände aber sind mit einer dunklen, fast glatten Schicht überzogen.

Nun führt eine Treppe hinauf zu einem sehr langen, hohen und bequem zu begehenden Gang: dem **Konzertsaal**. Nur seine Bühne ist gemauert, alles andere Natur pur. Das Höhlensystem erstreckt sich von hier 1,6 km weiter bis zu den Jameos del Agua. Dann, ca. 50 m unter dem Meeresboden, nochmals 1,6 km bis ans Ende des dort mit Wasser gefüllten Tunnels, wie Höhlenforscher bei einem Tauchgang 1987 festgestellt haben.

Auf die Natur ist doch immer wieder Verlass – selbst auf so kargem Lavaboden wie im Malpaís de la Corona wachsen noch Wolfsmilch (Tabaiba) oder Oleanderblättrige Kleinien (Verode)

Zwar ist die *Akustik* im Konzertsaal, der Platz für bis zu 300 Personen bietet, perfekt, wie die Musikberieselung beweist. Doch leider wird hier nur noch selten ein Konzert gegeben, da die Infrastruktur – Bar, Restaurant etc. – fehlt. Weiter hinten verbergen sich seismographische Geräte einer *Messstation*, die für Besucher gesperrt ist. Von hier wird die vulkanische Tätigkeit auf Lanzarote überwacht.

Anschließend geht es – teilweise gebückt – die Treppe links hinauf zur sog. **Kathedrale**. Geradeaus scheint sich ein tiefes Loch zu öffnen, an dem die Höhlenführer gerne mit einer Überraschung aufwarten. Fast am Ende des Rundgangs schaut von oben ein schreckliches Quasimodo-Gesicht auf die Besucher herab, mit einem Glupschauge, Hakennase und kaputten Zähnen … Darunter öffnen sich nochmals mehrere tiefe Schlünde, dann gibt es wieder eine kleine optische Täuschung – und hinauf geht es zum Ausgang, der von großblättrigen Yams-Stauden gerahmt wird.

Das auf der Weiterfahrt nach Norden, Richtung Mirador del Río, ansteigende und ziemlich verwittert wirkende *Mal-* *país de la Corona* wurde von den Bauern Lanzarotes in fruchtbares Land verwandelt. Aus den aufgeklaubten Steinen haben sie Windschutzmäuerchen errichtet, zwischen denen sich Feigenbäume und Weinstöcke ducken. An den immer wieder aufziehenden Passatwolken erkennt man, dass der Norden feuchter ist als die übrigen Teile der Insel – was für die Vegetation Wunder bewirken kann.

Etwa 4 km sind es von der Cueva de los Verdes bis zur Kreuzung Los Molinos. Dort führt die Straße geradeaus zum *Mirador del Río* [Nr. 13], nach rechts aber zum 6 km entfernten Orzola.

11 Orzola

Nirgendwo auf der Insel gibt es so köstlich-frischen Fisch wie in Lanzarotes nördlichstem Ort, dem Ausgangspunkt für die Überfahrt auf die kleine vorgelagerte Insel La Graciosa.

Zwischen den Jameos del Agua und Orzola im ›hohen Norden‹ sind es gerade einmal 9 km, aber für Naturliebhaber ist diese Fahrt entlang der Küste, am Rande

Im Fischerhafen von Orzola starten die Boote zum kleinen Inselchen La Graciosa

unbemerkt steigt und die Strandutensilien gar weggeschwemmt werden. Vor allem **Mojón Blanco** ist beliebt bei Jeep-Ausflüglern, weshalb Naturschützer große Steine in den Weg gelegt haben, um sie daran zu hindern, bis ans Wasser zu fahren.

Eine große, fast weißsandige **Düne** wird ein Stück weiter von der Straße durchtrennt; manchmal überschwemmt sie das Asphaltband wieder, dann sollte man vorsichtig fahren, damit das Auto nicht steckenbleibt. Schön ist der Kontrast der Formen und Farben zwischen der schwarzen Lava- und der hellen Dünenlandschaft! Beim Blick über das Meer sieht man zur Rechten den hoch aufragenden *Roque del Este*, das nordöstlichste Minieiland Lanzarotes. Und bald taucht auch die Insel Montaña Clara, bei guter Sicht sogar das weiter nördlich gelegene Alegranza im Meer auf.

Fast unbemerkt ist dann **Orzola** erreicht, das außer seiner herrlichen Lage und den guten Fischlokalen keine weiteren Attraktionen zu bieten hat. An der Straße gegenüber dem kleinen Hafen findet man eines der besten Fischlokale der Insel, das *Punta Fariones*. Eine Reihe anderer Restaurants lockt entlang der Hauptstraße, und weitere, mit Meerblick, findet man an der Fußgängerpromenade über den Klippen.

Dass auch einige Urlauber den Reiz Orzolas entdeckt haben, beweist das Vorhandensein einiger Ferienapartments.

Die **Playa de la Cantería** mit mehreren sandigen Abschnitten zwischen den Lavafelsen vor den *Fariones* – den steil aufragenden Felsnadeln, die das Nordende von Lanzarote markieren – ist bei Bodysurfern beliebt. Eine Staubpiste führt von der Hauptstraße nahe dem Transformatorhäuschen dorthin.

Ausflug

1 km südlich von Orzola liegt rechter Hand der liebevoll angelegte Freizeitpark **Las Pardelas** (tgl. 10–18 bzw. 19 Uhr), den sich vor allem Familien mit Kindern auf keinen Fall entgehen lassen sollten. Niemand hatte an diesem Stück Vulkanland von 72 000 m² Größe Interesse, bis *Carlos Hernández* aus dem Exil in Südamerika zurückkehrte. Er war von der Wildheit

des **Malpaís de la Corona**, sicher ein besonderes Erlebnis. Im Sommer haben die kleinwüchsigen Tabaiba (Wolfsmilchbüsche) und Verode (Oleanderblättrige Kleinie) zwar ihre Blätter, die im Winterhalbjahr einen freundlich-grünen Teppich über der Steinwüste ausbreiten, abgeworfen, doch auch die grünlich-gelben Flechten auf den Lavabrocken bieten einen hübschen Anblick. Links zeigt sich der offene Schlund des so harmlos erscheinenden Vulkans **Corona**, der vor etwa 5000 Jahren den Nordosten der Insel mit seiner Schlacke bedeckt hatte.

Im Osten wird das Malpaís vom Meer begrenzt, in das die Lava floss und teilweise bizarre – meist einsame – **Buchten** bildete. Manche sind sogar mit hellem Sand gefüllt, etwa Caleta de Guincho, Mojón Blanco, Caleta del Mero und Caletón Blanco. Sie sind von der nahen Straße, an der man den Wagen abstellen muss, zu Fuß schnell zu erreichen. Liebhaber solcher Küsten schlagen dort ihr Lager auf, sammeln Napfschnecken oder gehen fischen. Man muss sich allerdings vor den Gezeiten in acht nehmen. Es droht zwar keine Lebensgefahr, aber unangenehm ist es schon, wenn das Wasser

*Blick vom Mirador del Río über die Salinas del ▷
Río zur zauberhaften Insel La Graciosa*

und Ursprünglichkeit dieses Malpaís so
fasziniert, dass er hier 1997 seinen ganz
privaten Naturpark eröffnete.

Für Kinder bedeutet die Anlage – zu
den Attraktionen gehört der Spielplatz,
das Eselreiten und ein Picknickplatz mit
Grill – bestimmt viel Vergnügen, während sich die Erwachsenen eher für die
bizarren Landschaftsformationen, die
natürliche Flora – unter anderem Wasser-
pflanzen, in denen sich winzige Frösche
verstecken –, die traditionell arbeitende
Töpferei, die historischen Postkarten von
Lanzarote und das *Tapas*-Restaurant mit
seinen lokalen Weinen interessieren dürften. Auch geführte Wanderungen werden angeboten.

ℹ Praktische Hinweise

Bootsausflüge

Lineas Marítimas Romero, Calle Garcia
Escamez 11, La Graciosa, Tel. 928 84 20 55,
Fax 928 84 20 69, www.lineas-romero.com.
Überfahrt zur Insel La Graciosa. Auskunft
erhält man außerdem an der Busstation
bzw. direkt bei den Booten. Sie fahren
Juli–Sept. tgl. um 10, 12, 13.30, 17 und 18.30
ab Orzola sowie um 8, 11, 12.30, 16 und 18
Uhr ab La Graciosa, Okt.–Juni tgl. um 10,
12 und 17 Uhr ab Orzola sowie um 8, 11 und
16 Uhr ab La Graciosa. Fahrzeit ca. $\frac{1}{2}$ Stunde. Es steht auch ein Katamaran bereit,
mit dem man ›Unterwasser-Visions-Fahr-
ten‹ unternehmen kann.

Ferienwohnungen

Apartamentos Luisa, Calle La Quema-
dita 10, Orzola, Tel. 928 84 25 73. Einfache
Anlage direkt am Hafen, über dem
Restaurant Punta Fariones.

Restaurants

Bahía de Orzola, Calle La Quemadita 3,
Orzola, Tel. 928 84 25 75. Nettes Fischlokal
im Scheitelpunkt der Promenade.

Casa Arraez, Calle Peña de Dionisio, Orzola, Tel. 928 84 25 88. Kleines Fischlokal
im blau-weißen Marine-Look mit Terrasse zum Meer.

Perla del Atlántico, Calle Peña de Dionisio, Orzola, Tel. 928 84 25 89. Rustikal ein-
gerichtetes und mit Fischernetzen
dekoriertes Lokal am Ende der Promenade unweit des Hafens.

 Punta Fariones, Calle La Quemadita 8, Orzola, Tel. 928 84 25 58. Das
beste Fischlokal des Ortes und
eines der besten der Insel überhaupt.
Zu normalen Preisen gibt es hier stets
frischen Fisch (in Riesenportionen)
und Meeresfrüchte. Spezialität sind
die köstlichen Napfschnecken von
La Graciosa. Tische auch auf dem Bür-
gersteig, mit Hafenblick.

12 La Graciosa

TOP TIPP *Zauberhafte Fischerinsel mit traumhaften Sandstränden und einsamen
Felsbuchten.*

›Reserva Marina Isla Graciosa‹ kündigt ein
großes Plakat am Hafen von Orzola die
vorgelagerte Insel La Graciosa und ihre
kleinen Nachbarinnen, die *Islote del Norte
de Lanzarote*, an. Und da wäre man schon
beim Kernproblem: Die Leute von La Graciosa, der einzigen bewohnten Insel dieses Miniarchipels, legen gar keinen Wert
darauf, mehr als ein maritimes Reservat
zu sein. Das ferne Madrid aber will aus der

Region einen streng geschützten *Nationalpark* machen, was u. a. die Fischereirechte erheblich einschränken würde.

Dafür, dass sich auch sonst nicht allzu viel auf der Insel ändert, sorgt seit Jahren die resolute, liebevoll bei ihrem Kosenamen Margarona genannte **Bürgermeisterin**, die gleichzeitig den größten Supermercado der Insel besitzt. Dann gibt es hier noch einen Metzger und eine Bäckerei, eine Minibank und ein Minipostamt, eine Apotheke und eine kleine Klinik, mehrere Telefonzellen und Restaurants, zwei Pensionen und einige Ferienwohnungen für Urlauber, die auf der ›Anmutigen‹ faulenzen, schwimmen, fischen, schnorcheln oder Rad fahren möchten. Die Entfernungen sind zwar nicht groß, aber es gibt keine einzige Asphaltstraße, sodass selbst **Mountainbikes**, die man vor Ort ausleihen kann, so manches Mal durch den tiefen Sand geschoben werden müssen. Aber es macht trotzdem Spaß!

Autos dürfen nicht auf die Insel mitgenommen werden, hier verkehren nur einheimische Fahrzeuge – inzwischen ca. 60 **Geländewagen**, und es werden immer

mehr. Eine Imagesache, wie die Bürgermeisterin achselzuckend meint. Außerdem lässt sich mit ihnen während der Ferienzeiten auch eine Stange Geld verdienen: Auf keiner anderen Kanarischen Insel kostet eine Rundfahrt mehr als hier, ist der Service, die Gäste zu den schönen Badebuchten zu kutschieren, um sie dann später wieder abzuholen, teurer.

Geschichte Die 28 km² große Insel ist wie Lanzarote vulkanischen Ursprungs. Erloschene **Vulkane** prägen das Erscheinungsbild. Die höchsten Erhebungen sind in der Inselmitte die Agujas Grandes (266 m) und die Agujas Chicas (257 m), im Norden die Montaña Bermeja (157 m) sowie im Süden die Montaña del Mojon (185 m) und die Montaña Amarilla (172 m).

Vor etwa 16 Mio. Jahren schoben gewaltige Eruptionen Magma aus dem Erdinneren nach oben und rissen große Platten des Meeresbodens mit sich. Dieser bestand aus Sedimenten sowie aus fossilierten Korallen, Muscheln und anderem Meeresgetier. Diese *Fossilien* sind zu Füßen der Vulkanberge noch reichlich zu finden.

Güldene Abendstimmung auf La Graciosa – ▷
die letzten Strahlen der untergehenden
Sonne tauchen Caleta del Sebo in roman-
tisches Licht

Auf La Graciosa, dem früheren Ver-
steck für **Piraten**, das niemand ständig
bewohnen wollte, da es keine Süßwas-
serquellen gab, erwarb der Unternehmer
Silva Ferro aus Teguise 1876 die Weide-
und Fischrechte. Er ließ sogar eine *Fisch-
fabrik* bauen, was einige Fischer und Ar-
beiter aus Arrieta und Arrecife dazu ver-
anlasste, sich auf dem Eiland anzusiedeln.
Doch schon 1899 war das mutige Unternehmen bankrott. Die wenigen Familien
blieben trotzdem auf La Graciosa, denn
schlimmer als auf dem hungersnotge-
plagten Lanzarote konnte es ihnen hier
auch nicht ergehen. Trinkwasser holten
sie mühsam von der Quelle bzw. der
Galerie am Risco de Famara [s. S. 69] auf
Lanzarote. Ihr Leben fristeten sie mit
Fischfang und hielten darüber hinaus
kleine Ziegenherden, die allerdings allmählich auch den letzten Grashalm vom
kargen Boden abknabberten. Dank immer größerer Boote wurde die Fischerei
immer lukrativer, denn man konnte jetzt
die Netze nicht mehr nur in den eigenen
– fischreichen – Gewässern auswerfen,
sondern auch vor der afrikanischen Küste. Keiner wurde reich dabei, aber es ließ
sich ganz gut leben.

Ohne Schubkarren aufgeschmissen – für
die La Gracioser ist die Carretilla ein belieb-
tes, praktisches Transportmittel

Hauptort der Insel war damals noch
Pedro Barba im Nordosten, das sich inzwischen zu einer feinen Feriensiedlung
gemausert hat [s. S. 64]. Der heutige
Hauptort, **Caleta del Sebo** (›Bucht des
Fischfetts‹), liegt im Schutze des Risco de
Famara und näher an Lanzarotes Hafen
Orzola. Hier leben die max. 620 Einwohner der Insel, und hier steht ihre erst 1974
erbaute kleine Kirche. 1979 haben sich die
Inselfischer zur Sicherung ihrer Lebens-
grundlage zu einer **Genossenschaft**
zusammengeschlossen, ihre Boote aus
Sicherheitsgründen mit Radiotelefonen
ausgestattet, in Caleta del Sebo eine
neue Hafenmole mit Hebekran errichtet,
ein Kühlfahrzeug erworben und schließlich ein recht großes *Kühlhaus* mit starker
Eisproduktion (2500 kg tgl.) gebaut. Das
Eis ermöglicht es den Fischern, ihren
Fang auf hoher See frisch zu halten.

Das **Trinkwasser** kommt, wie auch der
Strom, von Lanzarote über Leitungen
herüber, die auf dem Meeresboden verlegt wurden – ein Komfort, den man
auch angesichts des gestiegenen Touris-
tenaufkommens dringend braucht!

Caleta del Sebo

Mit der Fähre benötigt man 30–40 Min.,
um über die 2 km breite Wasserstraße Río
von Orzola nach Caleta del Sebo zu ge-
langen. Dort warten schon Pensionswirte

mit den unerlässlichen Schubkarren, die den Graciosern als Gepäck- und auch als Einkaufswagen dienen.

Die Hafenfront dominiert das 1998 fertig gestellte Bar-Restaurant **El Varadero** mit seiner einladenden Terrasse, links vorbei geht es zu den beliebten Stränden, rechts zur Eisfabrik. Dahinter liegt das eigentliche Zentrum des kleinen Dorfes. Dort stößt man auch auf die kleine weiße Kirche **Virgen del Mar**. Außen ist sie unscheinbar, innen ausgestattet mit typischen Fischerutensilien wie Anker, Boot und Netzen. Die **Wohnhäuser** sind schlichte einstöckige Kuben, die Hauptstraße, die eine dürftige Palmenreihe schmückt, ist, wie alle Wege auf der Insel, nicht asphaltiert, sondern sandbedeckt. Eine Straßenkreuzung wurde zu einem hübschen kleinen Park umgestaltet, dessen Mitte der **Aljibe** einnimmt, die frühere Dorfzisterne.

Durch die Gassen sieht man Frauen mit den für La Graciosa so typischen stumpfkegeligen Strohhüten eilen, die manchmal sogar von Männern getragen werden.

Strände und Buchten für jeden Geschmack

Von Caleta del Sebo aus lässt sich zu Fuß, aber auch mit dem Fahrrad eine landschaftlich äußerst reizvolle Tages-Rundtour unternehmen zu schönen Sandstränden und flachen felsigen Buchten, zu wilden Klippenformationen und dunklen Steilküsten. Man läuft dabei über Schneckenhäuser, die unter Knirschen zerbrechen, erklimmt mager bewachsene Dünen, bleibt im Sand stecken oder erquickt sich in den Wellen.

Die Tour führt zunächst im Uhrzeigersinn von einer weiten Bucht über den recht steinigen Hausstrand der **Punta Corrales** zur **Bahía del Salado** – für viele der schönste Strandabschnitt der Insel: Bei Ebbe kann man über glatte Felsplatten laufen, in deren wassergefüllten Vertiefungen Krebse, Schnecken, Muscheln und nicht selten kleine Fische zurückgeblieben sind. Bei Flut bildet sich inmitten des feinsandigen Strandes ein großer *Charco* – eine Lagune, in deren flachem Wasser Kinder bestens planschen können.

Nach einigen Hundert Metern steigt der Weg nach Westen an, um dann bald zu einer der beliebtesten Badebuchten der Insel, zur **Playa Francesa**, abzufallen. Es folgt, über recht hohe Dünen erreichbar, die **Playa de la Cocina**, die auf der Meerseite von dekorativen Felsen eingefasst ist – ein Strand für FKK-Fans. Der ›gelbe Berg‹ Montaña Amarilla, der stellenweise auch schwarz funkelt, bildet eine herrliche Kulisse für die kleine Bucht mit ihrem smaragdgrünen Wasser.

Die gesamte Westküste ist den Unbilden des Atlantiks schutzlos ausgesetzt, weshalb unsichere Schwimmer und Kinder hier besser nicht baden sollten. Dennoch lohnt der Ausflug zu der fast an der Nordspitze von La Graciosa gelegenen traumhaften **Playa de las Conchas** auch für Familien. Diese Bucht heißt zu Recht ›Strand der Muscheln‹, besteht doch ihr fast weißer Sand aus Abermillionen zerfallenen Muscheln. Stramme Marschierer erreichen den Ort von Caleta del Sebo aus in etwa zwei Stunden. Ein besonderes Erlebnis ist das gewaltige Naturschauspiel der tosenden und gischtenden Brandung. Außerdem kann man von hier einen herrlichen Blick auf die unbewohnten Nachbarinselchen genießen, die zusammen mit La Graciosa den **Parque Natural de los Islotes del Norte de Lanzarote** bilden. Er ist der wichtigste Laichplatz für die meisten lokalen Fische und wird daher von den Graciosern gehegt und gepflegt. Sie konnten es bislang jedoch nicht verhindern, dass fremde Fischereiflotten in ihren Gewässern ›abräumen‹ und so den Bestand von Jahr zu Jahr vermindern. Die Männer von La Graciosa geben jedoch nicht auf. Denn ihre ganze Lebens- und Existenzgrundlage hängt davon ab.

Links sieht man die 256 m hohe **Montaña Clara**, einen wichtigen Nistplatz für Meeresvögel, mit wunderschönen Bade- und Angelbuchten, die nur mit einem gemieteten Boot plus Steuermann erreichbar sind. Geradeaus liegt der kleine **Roque del Oeste** (des Westens) bzw. Roque del Infierno (der Hölle) mit seinen 41 m Höhe. Rechter Hand erhebt sich in größerer Entfernung das Vogelschutzgebiet **La Alegranza** (289 m), wo bis 1969 der letzte Leuchtturmwächter Lanzarotes mit seiner Familie lebte. Heute wird der Leuchtturm automatisch betrieben.

Hat man das nordwestliche Kap **Punta Gorda** umrundet, so kommt man hinter der 155 m hohen Montaña Bermeja zu den ungeheuer eindrucksvollen **Caletones**: Hier hat sich an der schwarzen Steilküste aus harten Basaltblöcken ein tiefer Fjord eingegraben, in dem es zischt und brodelt wie in einem Hexenkessel. Ihn überspannt eine imposante Basaltbrücke. Interessant ist hier auch der Kontrast zwischen dem hellen Dünensand, auf dem man steht, und den schwarzen, nassglänzenden Basaltblöcken – ein Anblick, der nicht nur Fotografenherzen höher schlagen lässt. Zum Schwimmen eignen sich die Caletones nicht unbedingt, dafür aber wunderbar zum Angeln.

Hinter der kleinen **Playa del Ámbar** (auch Playa Lambar) wird der Weg aufgrund der tiefen Sandpiste recht beschwerlich – vor allem für jene Rad- und Jeepfahrer, die sich erst ein Stück nach Süden Richtung Zentrum aufmachen, um dann nach **Pedro Barba** an der Ostküste abzubiegen. Die einstigen Bewohner dieses Ortes haben ihre Häuser vor ein paar Jahren an reiche Festlandspanier und

Die Playa Francesa gehört zu den beliebtesten Badebuchten von La Graciosa

Alles folgt ihrem Kommando – auch die Prozession zu Ehren der Virgen del Carmen führt La Graciosas Bürgermeisterin Margalida Paéz Guadalupe selbstbewusst an

Meeresprozession für Nuestra Señora del Carmen

La Graciosa am 15./16. Juli: Vor der Kirche der Fischer in Caleta del Sebo gibt die Bürgermeisterin Margalida Paéz Guadalupe schnell noch ein Interview für das Fernsehen, dann schreitet sie würdevoll der **Prozession** voran. Hinter ihr der Pfarrer mit dem Megaphon, dann der Chor, ein paar Honoratioren wie Marcos Paéz, der Präsident der Fischereigenossenschaft, und schließlich die Figur der **Nuestra Señora del Carmen**, der Schutzheiligen der Seeleute und Küstenfischer.

Die liebliche Madonna mit Kind steht in einem blumengeschmückten Holzboot, einer Art Sänfte, die von vier starken Männern getragen wird. Um sie herum scharen sich die Inselbewohner. Bedächtig, im Rhythmus des von einer Gitarre begleiteten **Chors** und der aus dem Megaphon krächzenden Stimme des Vorsängers, bewegt man sich durch die Gassen von Caleta del Sebo in Richtung Meer. An den grün- und blaulackierten Rahmen ihrer Türen und Fenster lehnen die Zuschauer.

Am Hafen dann wird die Virgen del Carmen unter lauten Anweisungen der Männer auf das mit farbenprächtigen Wimpeln geschmückte **Prozessionsschiff** gehievt, das, begleitet von dumpfen Böllerschüssen, zischenden Raketen und ohrenbetäubendem Sirenengeheul, den Hafen in Richtung **Orzola** verlässt. Ihm folgen zahlreiche Wasserfahrzeuge, allen voran die bunten Hochseekutter der Thunfischfänger, die, sonst in Arrecife oder anderen Häfen der Kanaren stationiert, zu Ehren ihrer **Schutzpatronin** für mehrere Tage nach Hause gekommen sind. Zwischen der pulvergeschwärzten Armada, die auf den markanten Famara-Felsen zusteuert, tummeln sich Motorboote, sausen knallfarbene Jet-Roller über die Bugwellen. Ausnahmslos junge Männer, mit der unvermeidlichen Zigarette im Mundwinkel, steuern die Flitzer, auf dem Sozius die Braut, der man zeigt, was ein Mann ist.

Nach der Prozession halten die älteren Semester ihre **Siesta**, die jüngeren frequentieren die am Hafen aufgebauten Buden. An solchen Festtagen fließt dann auch reichlich Bier und Cuba libre, die hochprozentige Mischung aus Cola und Rum, durch die Kehlen. Die Kneipen öffnen dann wieder um 22 Uhr, denn erst um Mitternacht beginnt die **Verbena**, das große Fest für alle. Am Morgen, wenn die wenigen Touristen in der Bar einen Kaffee bestellen, sitzt der harte Kern der Prozessionsteilnehmer noch mit Timple und Gitarre im Wirtshaus; der Vorrat an ›Lumpenliedern‹ scheint nicht zu versiegen …

Lanzaroteños verkauft. So ist aus dem einstigen Hafen eine feine Siedlung entstanden, mit 22 wunderschönen, strahlendweiß gestrichenen Steinhäusern, die mit Solarstrom aus den nahe gelegenen kleinen Anlagen versorgt werden und auf 2000 m^2 Grund stehen. Keine Wasserleitung führt hierher, das kostbare Nass wird in Tanks geliefert. Der Bedarf ist ohnehin nicht groß, denn die Domizile sind lediglich während der *Semana Santa* vor Ostern und in den Sommerferien bewohnt. Dann schaukeln ein paar teure Segel- oder Motorboote im kleinen Hafen, und der schmale Sandstrand füllt sich vor allem mit Kindern und Jugendlichen.

Das Jahr über kümmert sich Domingo Perdomo, genannt Domingo de Pedro Barba, um die Häuser. Tatsächlich wirkt hier alles unglaublich ordentlich und gepflegt, während das übrige La Graciosa in den letzten Jahren im Ausflüglermüll zu ersticken drohte. Initiativen zur Generalreinigung der Insel sind im Gange.

Fischfangkutter schaukeln in der Meerenge El Río zwischen La Graciosa und Lanzarote

◁ *Bitte nicht stolpern – bei Ebbe bilden sich an La Graciosas Felsküsten kleine Tümpelchen, in denen sich Fische und Muscheln sammeln*

auf La Graciosa findet man Fischer bzw. Vermieter, die diese Tour ermöglichen.

ℹ Praktische Hinweise

Information

In jeder Pension bzw. bei den Vermietern der Ferienwohnungen in Caleta del Sebo.

Bootsausflüge

Auskunft am Hafen oder in einer der Bars: Alegranza und Montaña Clara können von La Graciosa aus per Boot erreicht werden. Den Preis unbedingt vor der Überfahrt mit den Fischern aushandeln. Das gilt auch für einen Ausflug zur Playa del Risco auf Lanzarote. Fähre Orzola-La Graciosa s. S. 60

Jeeptouren

Einige Inselbewohner bieten ihr Fahrzeug für Touren zu den entfernter liegenden Badebuchten im Norden an. Allerdings zu saftigen Preisen, die selten verhandlungsfähig sind. Preiswerter wird es nur, wenn man sich mit mehreren Personen zusammentut und die Kosten teilt. Eine Inselrundtour dauert 3 Std., zu den Badebuchten kann man sich morgens hinfahren und spätnachmittags abholen lassen.

Südwestlich von Pedro Barba liegt ein großflächiges Sandgebiet, das man am besten zu Fuß durchstreift. Es wird von dem tiefen **Barranco de los Conejos** durchschnitten. Ihm sollte man abwärts vorbei an unzähligen Fossilien, versteinerten Erdwespennestern, Muscheln, Seeschnecken oder Korallen zur Ostküste folgen, wo er eine wunderschöne kleine hellsandige Bucht bildet, die **Caleta de los Conejos** (›Kaninchenbucht‹).

Von hier aus kann man zu Fuß entlang der malerischen Küste in etwa einer halben Stunde nach Caleta del Sebo zurückschlendern. Man kommt zunächst in den Ortsteil **La Sociedád**, der so heißt, weil hier früher die ›Gesellschaft‹ der Fischer ihren Anlegeplatz und ihre Lagerräume hatte. Noch heute treffen sich die alten Männer lieber hier als am großen neuen Fischereihafen im Ortsteil La Caleta. An ihrem Puerto de la Sociedád oder an den schwarzen Felsen, den **Rocas**, gehen sie noch immer gleich nach der Flut auf die Suche nach den bei den Graciosern so beliebten Napfschnecken (*lapas*).

Empfehlenswert ist übrigens auch ein kleiner Motorboot-Ausflug von Caleta del Sebo zum herrlichen Strand **Playa del Risco** am Fuße des steilen **Risco de Famara** auf der großen Nachbarinsel Lanzarote, den man sonst lediglich auf einer anstrengenden Wanderung vom Mirador del Río [s. S. 69] erreichen kann. Nur

Nach Ausflügen entlang der Strände und sandigen Pisten von La Graciosa genießen Radfahrer ein erfrischendes Bad

Kaum zu glauben, dass sich hinter der abweisenden Vulkansteinmauer des beliebten Aussichtspunktes Mirador del Río …

Fahrradverleih

Natural Bike und ein weiterer Verleih ohne Namen, beide links vom Hafen. Aber auch bei den Apartmentvermietern kann man sich nach einem Drahtesel erkundigen. Übrigens: Die Mountainbikes, die man auf der Insel erhält, sind meist von bester Qualität.

Pensionen

Enriqueta, Caleta del Sebo, Tel. 928 84 20 51, Fax 928 84 21 29. 12 einfache Zimmer, einige mit Dusche/WC, in zweiter Reihe. Dazu gehört ein recht gutes Restaurant mit Fischspezialitäten. Organisation von Ausflügen.

Girasol Playa, Caleta del Sebo, Tel. 928 84 21 18. Direkt am Bootshafen gelegen mit gutem Fischrestaurant. 8 freundliche Zimmer, Bad auf der Etage.

Ferienwohnungen

Luís Cabrera, Caleta del Sebo, Buchung über Caleta de Famara, Tel./Fax 928 52 85 03, www.apartamentoslagraciosa.com. 8 hübsch eingerichtete, preiswerte Apartments in zweiter Reihe, 10 Min. zu Fuß vom Hafen entfernt. Per-

fekte Infomappe. Bei Vorausbuchung wird ein Taxi zum Flughafen Arrecife geschickt. Fahrtdauer bis Orzola 30–40 Min., dann noch einmal so lange Überfahrt mit dem Boot. Wer die letzte Fähre nicht erreicht, muss in Orzola übernachten.

Romero, Caleta del Sebo, Tel. 928 84 20 48, Fax 928 84 20 69. Sehr hübsche, wenn auch nicht gerade preiswerte Apartmentanlage direkt am Bootshafen. Weitere ältere und einfachere Apartments, die sich im selben Besitz befinden, liegen am Hafen.

Bar-Restaurants

Casa Chano, Caleta del Sebo, Tel. 928 84 20 68. Nettes kleines Lokal, in dem typisch kanarische Küche serviert wird. Dieser beliebte Treff der Einheimischen ist in andalusischem Stil mit Azulejos eingerichtet.

El Marinero, Caleta del Sebo, Tel. 928 84 21 69. Einfache Fischkneipe an der Hauptgasse des Dorfes.

Diskothek

Bar La Graciosa, Caleta del Sebo, in der Ortsmitte (nur Fr und Sa).

13 Mirador del Río

Manrique-Attraktion mit einzigartiger Sicht auf die Nachbarinsel La Graciosa.

In der Nähe des **Atalaya Grande** bzw. **Batería Grande** befindet sich in 475 m Höhe ein weiteres beliebtes Ausflugsziel Lanzarotes – und zwar dort, wo über Jahrhunderte hinweg die Wächter auf Posten standen und feindliche Schiffsbewegungen in der Meerenge **El Río** zwischen Lanzarote und La Graciosa beobachteten.

Ein großer runder Platz mit einem schmiedeeisernen Kunstwerk, das Vogel und Fisch darstellen soll, dahinter eine grauschwarze Vulkansteinmauer mit einem runden Fenster darin: Das ist alles, was man zunächst vom Mirador del Río (tgl. 10–18, Juli–Sept. bis 19 Uhr), dem 1974 von Manrique einfühlsam in die umgebende Natur platzierten **Aussichtspunkt** sehen kann. Durch den engen Eingang mit der kleinen Kasse gelangt man dann auf gewundenem Weg, vorbei an tropfenden Wasserfiltersteinen und grünen Farnen, in einen überraschend großen und völlig weiß gekalkten **Raum**, von dessen Decke Manriques mächtige Skulptur aus Draht und Blech hängt. Das große Panoramafenster bietet bei gutem Wetter eine Totalansicht von La Graciosa. Eine lange Bartheke an der Innenseite, ein paar Tische, eine gemütliche Kaminecke – das ist die ganze schlichte Einrichtung der **Cafeteria**. Ausgänge rechts und links führen auf die schmale Terrasse vor dem Aussichtsfenster. Innen windet sich eine Treppe über ein Zwischengeschoss, in dem Bücher und Andenken verkauft werden, hinauf aufs **Dach** zu einem weiteren Aussichtsbalkon.

Direkt unterhalb des Mirador liegen die schwer zugänglichen Steilwände des **Risco de Famara**, eines imposanten Bergrückens von 15 km Länge und bis zu 670 m Höhe. Es ist ein geradezu idealer, natürlicher Botanischer Garten mit rund 20 Pflanzensorten [s. S. 71], die endemisch sind, also nur auf Lanzarote und vorwiegend in dieser Inselecke gedeihen. Zu Füßen des Risco breiten sich die stillgelegten **Salinas del Río** aus. Die Becken sind rosa gefärbt durch die winzigen Krebse (*Artemi salina*), die sich im dichten Salzwasser besonders gut vermehren und außerdem für die Reinigung der Salinen sorgen.

Über den 1–2 km breiten Río hinweg erblickt man die Insel La Graciosa. Man erkennt drei große und viele kleinere Erhebungen, allesamt Vulkane mit trichterförmigen Öffnungen, und den Hauptort Caleta del Sebo mit seinen weißen kubischen Häusern und dem langen, hellsandigen Strand links daneben.

Diese einzigartigen Blicke kann man freilich nur genießen, wenn keine Passatwolken über dem Risco bzw. dem ge-

… diese großzügige, von Manrique gestaltete Cafeteria verbirgt

Und einzigartig ist der Blick durch die ›Windschutzscheibe‹ des Mirador del Río hinüber zur Insel La Graciosa nördlich von Lanzarote

samten Nordosten Lanzarotes hängen – was zu jeder Jahreszeit der Fall sein kann. Und ein- bis zweimal im Jahr kann es in dieser Region sogar ordentlich stürmen und regnen.

Wanderung zur Playa del Risco

Unterhalb der steilen Felsen sieht man vom Aussichtspunkt und auch von der Straße aus einen idyllischen, hellen Strand liegen. Zu ihm führt ein beschwerlicher Fußweg, der nur mit geeigneten Wanderschuhen und genügend Wasser gewagt werden sollte. Der Einstieg beginnt etwa 2,5 km südlich des Mirador. Erkennbar ist er an einer Straßenbucht mit Palme. Ein mit Kopfsteinen gepflasterter Fahrweg Richtung Meer endet an einem kleinen Parkplatz. Dort entdeckt man bereits ein paar Strommasten, zu deren Füßen eine *Aussichtsterrasse* mit herrlichem Risco-Blick ausgebaut wurde.

Und wer sich aufmerksam umsieht, wird verschiedene endemische Blumen

und Büsche erkennen, viele zwergwüchsig, weil sie sich vor dem Wind ducken müssen: z. B. die gelbblütige Kristall-Resede (*Reseda lancelotae*), den rotviolett und weiß blühenden Flaumhaarigen Strandflieder (*Limonium puberulum)* und das filzige Zwerg-Gliedkraut (*Sideritis canariensis*).

An der Terrasse startet der Zickzack-Weg hinunter zur goldfarbenen und sehr sauberen **Playa del Risco**. Der Abstieg ist in einer Stunde bewältigt, zurück braucht man die doppelte Zeit. Schatten gibt es unten nicht, dafür Natur pur und idyllische Einsamkeit, begleitet vom ewigen Gleichklang der Wellen.

Nur im August campen hier ein paar Einheimische. Jedenfalls kann man hier wunderbar sonnenbaden, im seichten Wasser schwimmen oder auch einen Ausflug zu den **Salinas del Río** mit der Ruine des Salzlagers (Almacén del Sal) unternehmen. Noch bis vor wenigen Jahren holten sich hier die Fischer von La Graciosa das Salz, um Sardinen einzulegen, die heute leider kaum noch in die Netze gehen. Heute kümmert sich niemand mehr um die Salinen, und doch hat man z. B. beim Blick vom Mirador del Río auf die rosafarbenen und weißen Flächen den Eindruck, als sei die Anlage noch in Betrieb. Die Erklärung ist einfach: Die gemauerten Becken füllen sich bei starkem Wellengang immer wieder von selbst mit Meerwasser, das bei hoher Temperatur verdampft. Zurück bleibt das Salz!

Ein reizvolles Ausflugsziel für Jung und Alt ist der Tropical Park von Guinate mit seinen exotischen Pflanzen und Tieren

14 Guinate

Schöner Aussichtspunkt und tropischer Garten hoch über dem Risco de Famara.

Vom Mirador del Río führt eine schmale Straße oberhalb der steilen Klippen nach Süden. Schön ist die Fahrt entlang der *Risco-Felsen*, deren Farben von rosa über ocker bis hin zu verschiedenen Brauntönen changieren, wenn die Schatten länger werden, sich aber auch in drohendem Schwarz zeigen. Steinmauern sichern den Weg rechts zum Abhang hin, zur Landseite liegen kleine Mais- und Kartoffelfelder sowie Weingärten. Die meisten der Bauernhäuser sind verlassen, Landwirtschaft wird nur noch im Nebenerwerb von der bequemeren Stadtwohnung aus betrieben! Nach 2 km biegt eine Straße zum winzigen Dörfchen **Yé** ab, wo man in der Kellerei *Heredos* Wein verkosten kann. Im Süden erhebt sich der markante, fast kreisrunde Vulkan **Montaña Corona** (609 m), nach weiteren 2 km zweigt eine Straße nach rechts ab. Am Ende dieser kurzen Sackgasse öffnet sich vom 600 m hoch gelegenen **Mirador de Guinate** ein wunderschöner Blick über

◁ *Wunderschöne Schattenspiele – je nach Sonneneinstrahlung nehmen die steil aus dem blitzblauen Meer aufsteigenden Felsen des Risco de Famara eine andere Farbe an*

In voller Pracht präsentiert sich hier das ▷
grüne ›Tal der 1000 Palmen‹ mit den weißen
kubischen Häusern von Haría, das zu den
zauberhaftesten Orten der Insel zählt

den Risco und nach La Graciosa. Kurz vor
dieser Aussichtsterrasse breitet sich rechter Hand der **Tropical Park** (tgl. 10–17 Uhr,
Tel. 928 83 55 00) von Guinate aus. 45 000 m²
Land haben Privatinitiatoren hier gekauft,
um darin Wasserfälle und Bachläufe zu
schaffen, Lagunen und Gärten mit z. T.
tropischem Bewuchs anzulegen. Hier haben inzwischen auch mehr als 1300 selte-
ne und exotische Tiere, darunter vor allem
viele Vögel wie Zebrafinken, Kanarienvö-
gel, Sittiche oder Tukane, ein Zuhause
gefunden. Und natürlich gibt es auch, wie
in den meisten Parks auf den Kanaren,
die beliebten Kakadu- und Papageien-
Shows. Ein Familienausflugsziel par excel-
lence!

15 Máguez

Freundlicher, ruhiger Wallfahrtsort.

Dass es sich bei Máguez um ein beliebtes *Wallfahrtsziel* handelt, erkennt man
schon am überdimensionierten beto-
nierten Platz vor der schmucken Kirche,
der mit Palmen, Indischen Lorbeerbäu-

Anlass für höchste Verehrung –
die ›hl. Barbara‹ in der Kirche von Máguez

men und langen gemauerten Bänken für
die Gläubigen ausgestattet ist, die sich
hier alljährlich am 29. Juni zu Ehren des
Ortspatrons *San Pedro* versammeln. Hinter der **Kirche** entdeckt man einen hübschen Garten mit Lapilli-Gestein, Gummi-
baum, Hibiskusbüschen und vielen satt-
rot blühenden Geranien – eine wahre
Farbenpracht. Innen überrascht das kleine Gotteshaus mit einigen grafittiähnli-
chen ornamentalen Fresken im Chorbe-
reich und einem von César Manrique entworfenen Altar.

16 Haría

Das nach Yaiza zweitschönste
Dorf der Insel liegt im weiten
›Tal der 1000 Palmen‹.

Von Máguez kommend hat man einen
Bilderbuch-Blick über das ›Tal der 1000
Palmen‹ hinweg zum 451 m hohen **Faja**
mit seinen unglaublich akkurat angeleg-

ten Lapilli-Feldern, auf denen Kartoffeln, Kohl und Linsen gedeihen. Landwirtschaft findet sich auch am Rande des Ortes. Überall stehen Kanarische Dattelpalmen und spenden Schatten. Mindestens 1000 dieser stolzen Bäume soll es in und rund um Haría geben. Einheimische behaupten stolz, die Zahl liege noch viel höher, vielleicht sogar bei 3 000. Am dichtesten stehen die Palmen im Barranco de Fenesía westlich von Haría, bequem während eines Spaziergangs zu erreichen. Die Datteln allerdings werden im milden Klima der Insel nicht reif, sie eignen sich lediglich als Viehfutter.

Wegen der vielen Einbahnstraßen sollte man das Auto am Ortseingang parken und die Straße zur Dorfmitte hinunterschlendern. Schon bald gelangt man zur lang gestreckten, schattigen **Plaza León y Castillo** mit ihren ausladenden Indischen Lorbeerbäumen und uralten Eukalyptusbäumen, die alle umgeben sind von hübschen schmiedeeisernen Gittern. Am Ende des Platzes erhebt sich die schmucklose Pfarrkirche **Nuestra Señora de la Encarnación**, die nach der Zerstörung durch einen Sturm 1956 schnell und allzu lieblos wieder aufgebaut wurde. Den Hochaltar aber schmückt ein Retabel des aus Gran Canaria stammenden Bildhauers Luján Pérez (18. Jh.), das die Mühe lohnt, während der Messe nach Haría zu kommen, da das Gotteshaus die übrige Zeit meist geschlossen ist. Neben der Kirche fällt ein gepflegtes Stadthaus mit einem typischen Patio auf. Hier ist seit längerem die Einrichtung des *Museo Sacro y Popular de Haría* geplant, die Realisierung lässt jedoch auf sich warten.

Die weißen kubischen **Häuser** Harías präsentierten sich früher durch Manriques Einfluss, der hier seine letzten Jahre von 1988 bis 1992 verbracht hatte, durchweg mit grünen Fensterläden. Inzwischen sieht man auch einige braune und blaue, was der Schönheit und Harmonie des Dorfes jedoch keinerlei Abbruch tut. Ganz im Gegenteil, denn es handelt sich ja schließlich um die Farben der Insel:

*Lanzarote hat neben seinen bemerkens-
werten dunklen Lavalandschaften noch
einiges zu bieten – das fruchtbar-grüne
Temisa-Tal zählt zu den beliebtesten
Ausflugszielen der Insel*

Grün, das man sich in Gestalt von Pflanzen immer mehr wünscht, Braun für die
Vulkane, Blau für das allgegenwärtige
Meer und den Himmel. Diese Variationen
hat der Künstler selbst noch abgesegnet.

Die Hauptstraße bringt den Besucher
weiter südlich zum gepflegten klassizisti-
schen **Rathaus** und zur sehr hübsch mit
üppig blühender Bougainvillea bepflanzten **Plaza de la Constitución**. Aufgrund
seiner Blütenpracht ist der Platz eines der
meistfotografierten Motive von Haría.
Und mittendrin steht das kleine Denkmal
›Mädchen mit Krug‹, das den schönsten
spanischen Dörfern verliehen wird. Biegt
man nun nach links ab, erreicht man alsbald auf der linken Seite das 1991 restaurierte historische Gebäude der **Artesania
Haría, Taller Municipal de Artesania** (im
Sommer Mo–Fr 10–13.30 und 16–19, Sa 10–
13 Uhr, im Winter Sa 15–18 Uhr). Meist allerdings sieht man in den Werkstätten und
Läden dieses Kunsthandwerkszentrums
nur zwei Töpfer und einen Korbmacher
bei der Arbeit.

Dem Haus für Kunsthandwerk gegenüber liegt die alte, restaurierte Markthalle
von Haría, der **Mercado Municipal de
Abastos**, in dem landwirtschaftliche Produkte und regionale Erzeugnisse verkauft werden.

Wie eine kühle Schönheit wirkt das klassizistische Rathaus von Haría

Auf dem Weg in den Süden Richtung Los Valles öffnet sich rechts ein großer Parkplatz vor einem prachtvollen historischen Bauernhauskomplex mit dem Restaurant **El Cortijo** und einem Laden, in dem man sich mit köstlichem Feigenschnaps und Honig eindecken kann. Angenehme Ruhe herrscht in den schönen alten Räumen und im Garten.

Ganz am südwestlichen Dorfende hat der aus Arrecife stammende César Manrique 1988 einen alten Bauernhof zu seinem letzten Wohnsitz umgestaltet, nachdem er sein Anwesen in Tahíche [Nr. 3] der Öffentlichkeit überlassen hatte. Auf dem großen Grundstück wirkt neben dem stilvollen Haus das Atelier des Künstlers in Form eines Wintergartens etwas fremd. Eines Tages soll in diesem schönen Gehöft eine Art Kulturzentrum entstehen, und Manriques sterbliche Überreste sollen hier im Garten ihre letzte Ruhe finden. Bislang befindet sich das Grab des Künstlers noch auf dem **Friedhof** (im Nordosten, Richtung Arrieta, erhöht auf der rechten Straßenseite). Es ist äußerst schlicht: ein dunkles Picón-Beet

mit ein paar kleinen Kakteen und einer Palme, darauf ein Vulkanstein mit der Inschrift ›César Manrique 1919–1992‹ und ein etwas größerer Kaktus am Fußende. So einfach und mit der Umgebung harmonisierend entspricht es ganz dem Stil des Künstlers.

Ausflug

Eine landschaftlich wunderschöne Rundtour lässt sich von Haría aus durch das **Valle de Temisa** unternehmen.

TOP TIPP

Inzwischen wurde die Strecke weitgehend asphaltiert, nur im oberen Bereich muss man noch über die Staubpiste fahren. Die Tour führt durch eine Palmenallee, vorbei am Friedhof von Haría zum Weiler *Casas de El Canto* und weiter ins 6 km entfernte Arrieta [Nr. 7]. Am südlichen Ende des Ortes geht es dann zur kleinen Bauernsiedlung *Tabayesco*. Dort verlässt man die Straße und fährt rechts ins Temisa-Tal. Die schmale, aber recht gute Straße wird begleitet von einem kleinen, meist trockenen *Barranco*. Links und rechts ziehen sich schwarze Lapilli-Felder den Hang hinauf, auf denen Mais,

Der Seidenhaarige Goldstern …

Kartoffeln und Linsen angebaut werden. Dann und wann sieht man hinter Windschutzmäuerchen sattgrüne Feigenbäume, deren schwere Äste bis hinab auf den Boden hängen, kleine Weingärten und vereinzelt Mandelbäume. Dort, wo sich die Piste gabelt, muss man links den Südhang hochfahren und hat die Straße nach Haría wieder erreicht. Dann hält man sich rechts und passiert ein wahres Kunstwerk aus geometrisch angeordneten Lavamauern und Lapilli-Feldern. Immer wieder schweift der Blick über das weite, wenig besiedelte Tal.

Nach insgesamt 8 km ist die Hauptstraße Haría–Los Valles wieder erreicht. Normalerweise nimmt die Rundtour etwa 1,5 Stunden in Anspruch – Botanikfreunde freilich werden einige Zeit mehr benötigen. Denn überall an dieser Strecke hält die einheimische **Flora** ihre Überraschungen bereit. So säumen blaue Natternköpfe, dicke Büschel von wilden Rosen, gelb leuchtender Seidenhaariger Goldstern und wilde Rucola von köstlichem aromatischen Duft den Weg und setzen bunte Tupfer in die Landschaft. Biswilen sieht man auch die hellgrünen Wolfsmilchbüsche der Balsam-Euphorbie (*Tabaiba*) und die ihr ähnliche Oleanderblättrige Kleinie (*Verode*), den Blaugrünen, auf den Kanaren *Bobó* genannten Tabak und wilden Fenchel.

… setzt hübsche gelbe Farbtupfer ins ›Tal der 1000 Palmen‹, das sich wunderbar auf Schusters Rappen erkunden lässt

In der Ermita de las Nieves bitten die Einheimischen um Regen

ℹ️ Praktische Hinweise

Restaurants und Bars

El Cortijo, an der LZ 10 nach Süden, Tel. 928 83 50 06. Typisches, zugleich auf Touristen zugeschnittenes Restaurant in einem großen bäuerlichen Anwesen mit rustikal eingerichteten Räumen. Tische sowie Backofen im Freien. Spezialität: Palmenlikör.

Mesón La Frontera, Calle Casas de Astrás 4, Haría, Tel. 928 83 53 10. In dem rustikal eingerichteten Restaurant genießt man in gepflegter Atmosphäre vor allem die Fleischgerichte vom Kamingrill.

Ney-Ya, Plaza de la Constitución, Haría, Tel. 928 64 04 65. Bei den Einheimischen beliebte Bar mit kleinem Restaurant, das kanarische und deutsche Spezialitäten offeriert.

Papa Loco, Plaza León y Castillo 5, Haría, Tel. 928 83 56 70. ›Verrückte Kartoffel‹ heißt dieses Lokal mit kleinem Hof im kanarischen Stil, dessen Kaffeehausstühle einen Teil des Platzes einnehmen. Serviert wird typisch kanarische Küche mit internationalen Variationen. Spezialität: Zicklein.

17 El Bosquecillo und Ermita de las Nieves

Lanzarotes einziges Wäldchen und eine Kapelle mit Aussicht.

Hinter der Straßenkreuzung Haría – Los Valles und Temisa-Tal beginnt das schmale Asphaltband in steilen Kehren nach oben zu klettern. Links und rechts liegen Terrassenfelder, auf denen die hier so beliebten Linsen angebaut werden. Es lohnt sich ein kurzer Stopp und ein Blick zurück: Das Tal mit den vielen schlanken Kanarischen Dattelpalmen ist von hier aus am besten zu erfassen.

Auf der Weiterfahrt erreicht man schon bald linker Hand die kleine Bar **Mirador de Haría**, die wie ein Schwalbennest über dem Felsenrand hängt und noch einmal eine großartige Aussicht auf das ›Tal der 1000 Palmen‹ von Haría bietet. Nach ein paar weiteren Kurven, die den Blick auf einen größeren Bestand von Kanarischen Kiefern – ungewöhnlich für diese Region – freigeben, erscheint ebenfalls auf der linken Seite der nicht gerade attraktive Beton-Glasbau des Restaurants **Los Helechos**, an dem viele Touristenbusse we-

gen des Bilderbuch-Blicks und zwecks Einkauf von Souvenirs halten.

Die Straße ist inzwischen auf fast 600 m Höhe geklettert. Als Autofahrer merkt man das kaum, weil man sich vor allem bei Gegenverkehr stark auf die zahlreichen Kurven konzentrieren muss.

Auf dem 670 m hohen **Las Peñas del Chache** zur Rechten, dem höchsten Berg der Insel – wenngleich neuere Messungen 679 m Höhe für den Atalaya im Südwesten ergeben haben sollen –, thront eine Radarstation der spanischen Luftwaffe, zu der auf der Hochebene rechts eine schmale, zunächst asphaltierte Piste führt. Wer dann auf einem Staubweg die Station links liegen lässt, erreicht in wenigen Minuten das Wäldchen **El Bosquecillo**, ein beliebtes Wochenend- und Urlaubsziel der Inselbewohner. Ruhiger ist es hier nur unter der Woche. Die wenigen Kanarischen Kiefern und die zahlreichen wilden Olivenbäume können hier so prächtig gedeihen, weil die ständig ziehenden Passatwolken mit ihrer Feuchtigkeit das Mikroklima begünstigen. An die-

sem schönen Platz kann man wunderbar an Holztischen picknicken und vom Mirador de los Riscos den Blick über die herrliche Küste schweifen lassen.

Zurück geht es jetzt zum Hauptweg, der hinter der Radarstation nach rechts Richtung Küste zur meist geschlossenen **Ermita de las Nieves** führt. Trotzdem sollte man diesen Abstecher allein wegen der großartigen Aussicht aufs Meer und der farbenfrohen Vegetation einplanen. Intensiv blau blühende Kugeldisteln und der gelbe Seidenhaarige Goldstern begleiten den Weg ebenso wie kleine Felder mit der bei den Einheimischen heiß geliebten roten Kartoffel, deren rote Blüten weithin leuchten.

Die einschiffige, sehr schlichte **Kapelle** der Ermita steht recht einsam auf dem weitläufigen Plateau und ist wie fast alle Gotteshäuser Lanzarotes von einer Mauer umgeben. Durch das immer offen stehende Tor gelangt man in den Hof mit der obligatorischen Zisterne, die in diesem Fall recht groß geraten ist. Den kurzstämmigen Palmen sieht man an, dass

◁ *Spitzenplatz mit Spitzensicht – im Schatten junger Drachenbäume sitzend kann man vom Mirador de Haría den Blick übers ›Tal der 1000 Palmen‹ bis zum Atlantik schweifen lassen*

sen sind oder nur hinter einem Fels versteckt gedeihen können.

Der **Blick** vom Rand des Plateaus ist überwältigend: Im Nordwesten erkennt man die Steilküste mit Teilen von La Graciosa und Montaña Clara, im Westen das hell leuchtende Jable-Gebiet. Im Nordosten erscheint ganz nah die Radarstation, im Osten die Küste von Arrieta, links schließlich, also im Süden, Teguise und sein Castillo, dahinter Arrecife.

Für den Rückweg zur Hauptstraße Haría – Los Valles nimmt man jetzt die zweite, nach Süden führende Piste, die in Höhe des Windräderparks oberhalb von Los Valles wieder in die Asphaltstraße mündet.

ℹ️ Praktische Hinweise

Bar-Restaurants

Los Helechos, nahe dem Mirador de Haría an der LZ 10. Monströses Bar-Restaurant mit Souvenirladen. Was dort wirklich zu empfehlen ist: die große Kuchenauswahl!

Mirador de Haría, an der LZ 10 Richtung Süden. Kleine freundliche Bar mit Tapas und Kleinigkeiten wie Keksen, Nüssen, Chips und dem vielleicht schönsten Blick auf Haría und das Palmental.

sie tagein, tagaus gegen den kräftigen Wind zu kämpfen haben. Das gilt auch für die zahlreichen Blumen auf dieser Hochebene, die alle recht kurz gewach-

Die Umgebung fest im Griff – auf Lanzarotes höchstem Berg, dem Peñas del Chache, thront eine militärische Radarstation

Musterbeispiel für saubere Energiegewinnung und zudem ein äußerst ästhetischer Anblick – der Windkraftpark von Los Valles

18 Los Valles

Ein Dorf mit weißleuchtenden Häusern inmitten von Terrassenfeldern und Agaven.

Kurz vor Los Valles, noch auf der Höhe, sieht man links ein Hinweisschild zum **Parque Eólico**, dem größten Windkraftpark von Lanzarote. In fünf Reihen stehen hier rund 60 imposante Windräder. Nach schweren Sturmschäden (2004) wurde die Kapazität um 46 % erweitert. Die Anlage in der Nähe des naturgeschützten *Barranco de Tengüime* liefert für die Meerwasser-Entsalzungsanlage von Arrecife rund 30 % der benötigten Energie, der Rest wird noch immer durch umweltschädliche Dieselkraft gewonnen.

Typisch für Lanzarote: Die technische Notwendigkeit, andernorts von Naturschützern heftig bekämpft, nahmen Landschaftsarchitekten 1993 zum Anlass, eine harmonische blumengeschmückte Anlage zu schaffen, die sich wundervoll in die Umgebung einpasst. Die 20 000-Volt-Kabel zur 16 km entfernten Meerwasser-Entsalzungsanlage wurden unterirdisch verlegt. Die Gewinnung von Energie aus Windkraft soll weiter ausgebaut, dem Park ein Informationszentrum über alternative Energien angeschlossen werden.

Auf der LZ 10 sind es vom Windpark aus Richtung Süden noch ein paar Kurven bis zum schönen **Mirador de los Valles** (linker Hand). Von dem kleinen Gehöft im typisch einheimischen Stil kann man nicht nur einen herrlichen Blick auf Los Valles und bis zum Castillo de Guanapay genießen, sondern sich dort auch kulinarisch verwöhnen lassen.

Wer auf der LZ 10 hinunter nach **Los Valles** fährt, dem fallen als erstes die 6–7 m hohen, gelben Blütenstände der Agave kurz vor der weit auseinander gezogenen Streusiedlung ins Auge. Die Ahnen der heutigen Bewohner von Los Valles stammten ursprünglich aus dem Dorf Santa Catalina im heutigen Timanfaya-Gebiet. Von dort verschlug es sie nach dem Vulkanausbruch von 1730 in dieses Tal im Norden, wo sie auf einigermaßen fruchtbares Land stießen und Terrassen-Feldbau betreiben konnten. Und noch heute sind die hiesigen Bauern stolz darauf, dass sie einen Großteil der Insel mit den so begehrten roten und weißen **Kartoffeln** beliefern können.

Abgesehen davon ist Los Valles, am Fuß des Famara-Massivs gelegen, ein ausgesprochen schönes und ruhiges Dorf. Die kleine Kirche **Santa Catalina** steht auf einem großen Platz, umgeben von flachen, weißen, sehr gepflegten Häusern. Übrigens: Alles hier ist weiß und grün, und rote Hibiskusblüten setzen schöne Farbtupfer. In einer Kurve am südlichen Ende des Dorfes steht ein attraktives restauriertes *Gehöft* (18. Jh.). Es gibt Pläne, die Gebäude in ein Bauernhausmuseum umzuwandeln, doch die Gemeinde scheut bislang die Kosten.

Zwei Kurven weiter südlich zweigt eine kleinere Straße in das südöstlich liegende **El Mojón** ab, ein verschlafenes Dörfchen mit einer kleinen Kirche, der *Ermita de San Sebastián*. Sie besitzt einen schönen offenen Glockenstuhl aus schwarzem Lavagestein. Einen hübschen Kontrast zur weißen Fassade bildet das schlichte schwarze Portal mit dem kleinen Rundfenster darüber. Auffallend ist die stützende Strebemauer, die man häufiger an Lanzarotes Kirchen sieht.

Im Dorf selbst besitzt jedes der kleinen Häuser noch seine eigene Zisterne und seinen eigenen Backofen. Hinter den obligatorischen Windschutzmäuerchen wird etwas Wein angebaut oder schmücken Kakteen die Gärten.

An der nächsten Kreuzung, am südlichen Ende von El Mojón, hat man dann die Wahl: Ostwärts geht es zur LZ 1 Tahíche – Arrieta, Richtung Westen nach Teguise. Vorher kommt man jedoch durch das schlichte **Teseguite** mit der obligatorischen Kirche im Mittelpunkt, die auf einer liebevoll gepflegten Terrasse mit Picón-Beeten, Palmen, Agaven und Geranien steht.

ℹ Praktische Hinweise

Restaurant

Mirador de los Valles, Los Valles, LZ 10, km 13, Tel. 928 52 80 36. Restaurant mit Panoramaterrasse und sehr hübschen Räumen in einem in Teilen mehr als 100 Jahre alten Bauernhaus oberhalb von Los Valles. Serviert werden kanarische Spezialitäten. Kenner lassen sich gerne die aktuellen Tagesgerichte empfehlen.

Es grünt so grün … – das Tal von Los Valles ist Lanzarotes Kartoffellieferant Nummer eins

19 Urbanización Famara und La Caleta de Famara

Eine Bungalowsiedlung mit Meerblick, Dünen und ein breiter Strand, gegen den die Wellen anbranden.

Verlässt man Teguise auf einer Nebenstrecke Richtung Norden, erreicht man nach 6 km eine breitere Straße und nach weiteren 2 km eine Kreuzung. Dort steht rechts als Denkmal eine alte **Windmühle** mit mehreren gemauerten Waschplätzen. Hier ist die Endstation einer *Galería,* eines in den Berg getriebenen Ganges, der bis in die 1960er-Jahre Fischer und Bauern der Gegend mit Wasser versorgte.

Rechts hinter der Windmühle liegt die **Urbanización Famara,** eine inzwischen renovierte und vergrößerte Ferienanlage mit mehreren Supermärkten, Restaurants und Surfer-Stationen. Begehrt sind die zum Meer blickenden Bungalows zu Füßen des Las Peñas del Chache, die norwegische Planer in den 1970er-Jahren haben errichten lassen.

Unterhalb des Feriendorfs beginnt **TOP TIPP** die **Playa de Famara,** ein herrlich langer Sandstrand mit niedrigen, leicht bewachsenen Dünen, der sich nach Westen bis zum Fischerort Caleta de Famara hinzieht. Doch Badefreunde soll-ten aufpassen: Hier herrschen meist starke Unterströmungen, auch wenn das Meer recht ruhig wirkt. Man muss daher unbedingt auf die Farbe der dort stets gehissten Fahne achten – sie zeigt meistens Rot! Das Schiffswrack nahe dem Strand sollte eigentlich Warnung genug sein … Dennoch: Wellenreiter scheuen das Risiko nicht und scheinen gerade hier ein besonderes Vergnügen an ihrem Sport zu haben. Doch für die meisten anderen Urlauber ist der Famara-Strand eher zum Spazierengehen und zum Sammeln von Muscheln geeignet. Hin und wieder sieht man Touristen Sand- oder Steinburgen bauen. Leider lässt die Sauberkeit des Strandes oft zu wünschen übrig …

Im Westen, hinter dem Scheitelpunkt der Bucht, liegt das kleine Fischer-**TOP TIPP** dorf **La Caleta de Famara.** Hier herrscht eine ganz besondere Atmosphäre, denn mit der breiten Hauptstraße voller Sand und den hübschen Wohnhäusern, von denen viele gute Fischrestaurants beherbergen, wirkt der Ort wie eine Westernkulisse.

Auch die Parallelstraße zum Meer ist völlig von Treibsand bedeckt, ebenso wie die Seitengassen, die direkt an den flachen Klippen enden. Ein Wellenbrecher schützt den Sandstrand, der sich vor den weiß getünchten, ein- bis zweistöckigen Häusern entlangzieht. In einigen von ih-

◁ *Ganz so menschenleer wie auf diesem Bild ist der schöne Sandstrand Playa de Famara selten – auch wenn wegen gefährlicher Unterströmungen vom Baden abzuraten ist*

migen Siedlung, die freilich schneller von La Santa aus zu erreichen ist [Nr. 24].

ℹ Praktische Hinweise

Ferienhäuser

Playa de Famara, Urbanización Famara, Tel. 928 84 51 32, Fax 928 84 51 34. Vor allem wegen ihrer herrlichen Meerblicke ist diese Bungalowanlage mit mehreren Restaurants, Supermärkten und 3 Surfer-Stationen sehr beliebt.

Restaurants

Casa Ramón, im Ortskern von La Caleta de Famara, Tel. 928 52 85 23. Einfaches Fischrestaurant mit durchgehend warmer Küche und großen Portionen. Einige Apartments sind angeschlossen.

nen wohnen nach wie vor Fischer, viele andere dienen heute als Wochenenddomizile für Bewohner aus Teguise.

Rund um La Caleta wird an den Wochenenden gecampt, dann bevölkern vor allem Familien Strand und Buchten im Westen. Zu den allerschönsten zählt sicher die **Caleta del Caballo** mit der gleichna-

El Risco, Hafennähe, La Caleta de Famara, Tel. 928 36 63 97. Gutes Fischrestaurant, Spezialitäten sind Zarzuela (Fischeintopf) und Lenguado (Seezunge).

Las Bajas, an der Dorfstraße, Urbanización Famara, Tel. 928 52 86 17. Die Adresse für Couscous und Paella. Apartments vorhanden.

Welch malerischer Anblick – auch in La Caleta de Famaras Architektur dominieren César Manriques Lieblingsfarben weiß und grün

Das Zentrum und die Feuerberge – Lavalandschaften von einzigartiger Schönheit

Die Fahrt durch diese Region in Lanzarotes Mitte bietet Attraktionen von ganz besonderer Faszination. Der Reigen beginnt mit dem von Menschenhand gestalteten einmalig schönen lavaschwarzen **Weinanbaugebiet** La Geria, das vom New Yorker Museum of Modern Art zum Gesamtkunstwerk erklärt wurde. Richtung Westen dann kann man beim Monumento al Campesino und in Tiagua zwei hervorragende **Heimatmuseen** besuchen, in denen noch altkanarische Traditionen wie das Töpfern gepflegt werden. Anschließend wird die Landschaftsszenerie immer abenteuerlicher. Zunächst türmen sich Lavaplatten übereinander, dann präsentieren sich die **Feuerberge** im Parque Nacional de Timanfaya in ihrer unheimlichen Schönheit – Inbegriff einer aus glühendem Magma geschaffenen, vielfarbigen Urlandschaft.

20 San Bartolomé

Beschauliches kleines Städtchen, dessen Bewohner vor allem in Arrecife arbeiten.

Von Arrecife über die autobahnähnlich ausgebaute LZ 20 kommend, sieht man schon bald die gemeindeeigenen Windräder von San Bartolomé auf dem 444 m hohen Hausberg, der *Montaña Mina*. Nur 7 km sind es von Zentrum zu Zentrum, wobei man sich erst einmal durch San Bartolomé schlängeln muss, um zum sehenswerten alten Kern an der Plaza Léon y Castillo vorzudringen. Aber bereits am Ortsrand kann man das **Centro Cultural Ajei** entdecken, ein schön restauriertes, sandfarbenes Landgut, dessen Ecken durch dunkle Schmuckquader aus Vulkangestein betont sind. Hier eröffnete im Jahr 2000 das **Museo Etnográfico Tanit** (www.museotanit.com, Mo–Sa 10–14 Uhr), das es sich zum Ziel gesetzt hat, die traditionelle Kultur Lanzarotes zu bewahren. Ein Stopp lohnt sich auch, um einen Blick

in den Patio zu werfen, wo Treppen und Balkon aus schwarzem Holz mit den gelben Mauern Kontraste schaffen.

Der ungewöhnliche, minarettartige Glockenturm des Rathauses im palmengeschmückten Komplex der Pfarrkirche an der Plaza Léon y Castillo ragt von weitem sichtbar aus dem Häusergewirr. So kann man sich trotz fehlender Beschilderung kaum verfahren, und für den Wagen findet sich nebenan ein Parkplatz.

Die **Iglesia de San Martín** (Mo–Sa 19.30, So 12 Uhr) von 1798 wirkt recht schmalbrüstig mit den betonten dunklen Ecken, deren rechte von einem Glockenturm bekrönt wird, während die linke nur eine weiße Haube trägt. Das **Innere** der einschiffigen Pfarrkirche ist ausgestattet mit einer Kassettendecke im Mudéjar-Stil. Besonders raffiniert wirkt das Flechtmuster in der Mitte der Vierungsdecke. Die Altäre präsentieren sich im bäuerlich-schlichten Neoklassizismus. Pfeiler und Fußboden der Kirche sind aus hellgrauen Vulkansteinen gemeißelt.

Das **Rathaus** erinnert mit seiner gemauerten Veranda und dem Bogengang darunter ein wenig an ein Herrenhaus in den amerikanischen Südstaaten. Direkt

◁ *Blick vom Aussichtspunkt an der Montaña Rajada zum Feuerberg Timanfaya*

unterhalb der Plaza Léon y Castillo breitet sich jenseits der Straße Richtung Küste eine schattige, mit Bänken versehene Parkanlage aus, in der man gut eine Erholungspause einlegen kann.

Im Westen, in der Calle Doctór Cardeña Bethencourt 17, steht die restaurierte **Casa Mayor Guerra** (18. Jh.). Hier werden wechselnde Ausstellungen gezeigt, ein Zentrum für Kunsthandwerk und ein Restaurant sind geplant.

i Praktische Hinweise

Information

Oficina Municipal de San Bartolomé, Casa Cerdeña, Dr. Cerdeña Bethencourt 17, San Bartolomé, Tel. 928 52 23 51, Fax 928 52 23 88, Juli–Sept. Mo–Fr 8–14 Uhr, Okt.–Juni Mo–Fr 8–15 Uhr

21 Monumento al Campesino und Casa-Museo del Campesino

Manriques Denkmal für den Bauern und ein wunderbares Heimatmuseum mit Spitzenrestaurant.

An einer wichtigen Verkehrskreuzung in der Inselmitte, kurz vor dem eher un-scheinbaren Weindorf Mozaga, erhebt sich weithin sichtbar das berühmte, weißleuchtende **Monumento al Campesino** (1968). Dieses mehr als 15 m hohe, recht abstrakte Denkmal aus ausrangierten und weiß lackierten Trinkwasserkanistern alter Fischerboote stammt von César Manrique und ist den schwer arbeitenden Bauern der Insel gewidmet. Es soll darüber hinaus die Fruchtbarkeit (span. *fecundidad*) symbolisieren. Zu erkennen sind mit viel Fantasie ein Bauer mit seinen traditionellen ›Helfern‹ Dromedar und Esel. Unmittelbar neben dem Monumento steht ein gut restauriertes und erweitertes traditionelles kanarisches Gehöft, welches das **Casa-Museo del Campesino** (tgl. 10–18 Uhr) beherbergt. Auf der rechten Seite des Komplexes wurde ein *Heimatmuseum* eingerichtet. Es enthält neben einer Sammlung von Handmühlen, traditionellen Möbeln und landwirtschaftlichen Geräten modellierte Tonfiguren aller Art. Außerdem wird anhand von Exponaten die Entwicklung vom einfachen Mörser zur Getreidemühle, von der Ziegenfell-Mütze zum modernen Hut recht anschaulich demonstriert.

Nebenan arbeitet der Töpfer Marcial de León nach Guanchen-Art, also ohne Töpferscheibe. Er führt damit die Arbeit

◁ Harmonie von Natur und Architektur zeigt das Bauernhausmuseum in Tiagua

nen Ställen wieder Schafe und die mächtigen Kanaren-Kühe – ganz wie einst.. Auch eine Mühle [s. S. 90] gehört zu den Sehenswürdigkeiten des Komplexes. Auf einem Acker dahinter wird in Trockenfeldbauweise Mais gezogen.

Mittelpunkt des Anwesens ist das hervorragende, von der Inselregierung betriebene Restaurant **El Campesino**, in dem einer der Spitzenköche Lanzarotes beschäftigt ist. Wer beste und echte einheimische Gerichte probieren möchte, ist hier genau am richtigen Ort. Auch die Einrichtung mit viel Holz und landwirtschaftlichen Geräten ist typisch kanarisch [s. a. S. 89].

Ausflug

In Mozaga, kurz hinter dem Monumento al Campesino, beginnt die 15 km lange **Weinstraße** (GC 730 bzw. LZ 30), die durch das bedeutendste Weinanbaugebiet Lanzarotes, **La Geria**, bis nach Uga [Nr. 34] führt. Für den interessierten Reisenden stellt diese Strecke eine Faszination ganz besonderer Art dar. Wo sonst findet man solche tiefen Trichter aus schwarzer Vulkanasche, in denen sich saftiggrüne Weinstöcke ducken, die, je weiter der regenlose Sommer voranschreitet, immer üppiger gedeihen? Aus der Not, nämlich der fehlenden Feuchtigkeit durch Regen, machten die fantasievollen Bauern

seiner Großmutter fort, der 1997 im Alter von 98 Jahren verstorbenen Dorotea aus Munique. Sie hatte ihr Leben der Guanchen-Töpferei gewidmet; eine Besonderheit dieses Kunsthandwerks waren übrigens Figuren mit ausgeprägten Genitalien, die zur Brautwerbung dienten.

Wenn sich die Verantwortlichen einig werden stehen eines Tages in den offe-

Aus alten Trinkwasserkanistern entstanden: Monumento al Campesino

Von Menschenhand geschaffen und doch ein Teil der Natur – das Weinanbaugebiet La Geria mit seinen halbkreisförmigen Mauern aus Lavastein

eine Tugend, ja eine Kunst: Entweder sie gruben bis zu 2 m tiefe Trichter in die schwarzen Lapilli-Schichten und setzten mitten hinein einen Weinstock, oder sie türmten hohe Lavastein-Mauern rund um die Jungpflanzen auf. Manchmal kombinierten sie auch beides. Der Trick: Die Lapilli, poröse Lavakörnchen, speichern den Nachttau und geben die Feuchtigkeit an den Humus darunter ab. Zusätzlich schützen Trichterwand und Mauern die Rebpflanzen vor dem Austrocknen durch den fast ständig wehenden Wind.

Kein Wunder, dass sich in dieser Landschaft, auch dank der gestiegenen Nachfrage vonseiten der Touristen, einige

Weinkellereien etabliert haben, die zum Verkosten von Malvasía oder Moscatel einladen und ihre Produkte vor Ort verkaufen. Die älteste und traditionsreichste Kellerei (seit 1775), **El Grifo**, zwischen Mozaga und Masdache gelegen, ermöglicht es darüber hinaus, sich in einem interessanten *Museum* (tgl. 10.30–18 Uhr) über die Geschichte des Weinanbaus auf der Insel zu informieren.

Auf der Weiterfahrt, etwa 7 km vor Uga, werden die schwarzen Berge mit ihren Trichtern und Mäuerchen immer faszinierender. Bereits in den 1960er-Jahren wurde die von Menschenhand gestaltete Lavalandschaft La Geria vom Museum of Modern Art in New York zum Gesamtkunstwerk erklärt.

ℹ️ Praktische Hinweise

Hotel

*****Finca de La Florida**, El Islote, Tel. 928 52 11 24, Fax 928 52 03 11, www.hotel fincadelaflorida.com. Kleines gemütliches Landhotel mit nur 16 Zimmern und einer Suite, kuscheligem Kaminzimmer, Pool auf kleiner Terrasse, Fitnessraum und typisch kanarischer Küche.

Restaurant

El Campesino, im gleichnamigen Museumskomplex beim Monumento al Campesino, Tel. 928 52 01 36. Eine der besten Adressen der Insel für echte kanarische Küche (12–16.30 Uhr).

22 Tiagua

Und noch ein aufregend-schönes Bauernmuseum, das einen Besuch lohnt.

Keine 2 km sind es, vorbei an einem Lapilli-Steinbruch, von Mozaga bis zum kleinen Nachbardorf **Tao**, dessen westlichen Rand einige kleine Vulkanschlote markieren. Die palmenbestandene Hauptstraße LZ 20 schlängelt sich durch den Ortskern, rechts passiert man einen *Terrero*, eine Arena für den traditionellen Ringkampf *Lucha Canaria* [s. S. 132].

Nach wenigen Minuten ist Tiagua erreicht und – Richtung Muñique ausgeschildert – das äußerst sehenswerte **Museo Agricola El Patio** (Mo–Fr 10–17.30, Sa 10–14.30 Uhr), für dessen Besuch man einige Zeit einplanen sollte – zumal mit Kindern, die begeistert sein werden von den Dromedaren und Ziegen, die hier gestreichelt werden dürfen. Bereits von weitem erkennt man die zwei Windmühlen, die zum Komplex gehören: *Molino*, die ›männliche‹ Variante mit Turm, *Molina*, die ›weibliche‹ einstöckige Form.

Doch zunächst wirft man einen Blick in das schöne alte **Herrenhaus** von ca. 1850, das allein schon den Besuch dieses bäuerlichen Freilichtmuseums wert ist! In seinen großzügigen Räumen sind auf zwei Ebenen u.a. alte Ackergeräte, Töpferwaren sowie Werkzeug der verschiedenen traditionellen Berufssparten ausgestellt und erläutert. Darüber hinaus erfährt

Im Restaurant El Campesino führt Chefkoch Servando das Küchenregiment und zaubert mit seinem Team hervorragende kanarische Gerichte

Prachtexemplar einer ›männlichen‹ Mühle im Freilichtmuseum von Tiagua

Lanzarotes Mühlen

Die Lanzaroteños meinen, eigentlich sei der männliche Mühlentyp, **Molino**, dieses kegelförmige Etwas, eine ›dumme Erfindung‹, weil viel zu kompliziert konzipiert. Denn die schweren Getreidesäcke müssen drei Stockwerke hoch über steile und enge Treppen geschleppt werden, und außerdem benötige eine solche Mühle viel zu viel Windenergie. Angesichts der Konstruktion des Bauwerks stellt man fest, dass die Inselbewohner gar nicht so Unrecht haben: Ganz oben sitzt der **Turm**, an dem die Flügel angebracht sind, dann kommt der Raum für das vertikale Zahnrad, das die Windenergie der Flügel auf die **Mühlsteine** darunter überträgt. Hier wird dann das Getreide durch einen Trichter auf die Mahlsteine geschüttet. Das fertige Mehl kommt im 1. Stockwerk heraus, das Erdgeschoss dient lediglich als **Lagerraum** für das Getreide und das Mahlgut. Diese Mühlenform erhielt ihre maskuline Bezeichnung, weil nur Männer die schweren Säcke nach oben tragen können. Sagt man!

Es gibt aber auch eine weibliche Variante: Bei der **Molina** dreht sich der rechteckige, 6 m hohe Holzturm über einem gemauerten Raum von nur 2,2 m Höhe mit dem Wind, sodass die Flügel selbst nicht so viel Kraft benötigen wie bei einem Molino. Zwei Mühlsteine werden ohne viel Übertragung in Bewegung gesetzt und mahlen das Korn. Den femininen Namen Molina gab man dieser Art von Mühle, weil sie ohne viel Kraft, also auch von Frauen bedient werden kann. Sagt man!

Vom Wind unabhängig ist der dritte Typ: Bei der **Tahona** (Zugmühle) hilft eine Göpelstange die Kraft des Zugtieres, das sich in einem engen Raum um den Mühlstein dreht, auf ein horizontales Zahnrad zu übertragen bzw. zu verstärken. Eine nicht gerade tierfreundliche Erfindung! Im regenarmen Lanzarote sind allerdings auch offene Tahonas in Gebrauch. So können die als Zugtiere arbeitenden Dromedare oder Kühe wenigstens im Freien ihre Kreise ziehen.

man eine Menge über Architektur, Bräuche und Kunsthandwerk der Insel. Besonders sehenswert ist eine große Sammlung historischer Fotografien von Lanzarote. Zu guter Letzt: In der urgemütlichen **Bodega** mit Pergola-Plätzen im Freien kann man den gutseigenen Rebensaft probieren und kaufen. Außerdem werden kleine Happen mit würziger Wurst aus eigener Herstellung gereicht.

Eine interessante Ergänzung des Besuchs ist ein Weg über die bewirtschafteten Felder des Anwesens. Unterwegs sieht man beispielsweise eine betonierte Fläche, auf der das wenige Regenwasser mit möglichst geringem Verlust in eine Zisterne geleitet wird. Mit dem so gesammelten Wasser werden etwa die akkurat ummauerten Weinstöcke des kleinen Landgutes bewässert.

Wer von hier aus einen Ausflug ans Meer machen möchte, kann über das kaum erwähnenswerte **Munique** und das verschlafene **Sóo** mit seinen kleinen Häusern zu Füßen des 293 m hohen, schroffen **Pico Colorado** zur schönen Playa de Famara [s. S. 82] fahren. Und zwar durch das eigentlich recht trostlose, ausgedehnte **Jable-Gebiet** mit seinem Treibsand, das die Bauern nach dem System des Trockenfeldbaus bewirtschaften [s. S. 92].

23 Tinajo

Verwaltungszentrum des Timanfaya-Nationalparks mit großer Ringkampf-Tradition.

Das lebendige, lang gestreckte Dorf Tinajo ist nicht nur Mittelpunkt einer ausgedehnten Gemüseanbauregion, sondern vor allem auch bekannt wegen seines **Terrero**, der Ringkampfarena, in der sich an Wettkampftagen Besucher von nah und fern einfinden. Denn hier kämpft eine sehr erfolgreiche Mannschaft.

Beliebter Treffpunkt für die Ringer und ihre Fans, aber auch eine gute Adresse für den hungrigen Durchreisenden ist die Kneipe *La Mareta* an der breiten Ausfallstraße Richtung Mancha Blanca. Auf der Rückseite der Ringkampfarena hat der Timanfaya-Nationalpark sein kleines Büro, in dem man Auskünfte vor allem über die geführten Wanderungen durch die Vulkanlandschaft erhält.

Tinajo besitzt einen hübschen großen **Dorfplatz**, der fast einem Botanischen Garten ähnelt mit seiner üppigen Vielfalt an Hibiskusbüschen, Palmen, Aurocarien, Indischem Lorbeer, Lorbeerbüschen und den vier schönen Drachenbäumen. Und mittendrin die *Bar La Plaza*, von der aus

Einblick in die Lebensweise vergangener Tage gewährt das traditionell eingerichtete Herrenhaus (1850) des Bauernhausmuseums von Tiagua

Ein hartes Stück Arbeit bedeutet die Terrassenbewirtschaftung auf den Driftsandböden der Caldera de Guigua bei Tinajo

Auf Sand gepflanzt

Neben der dunklen Lavaregion im Süden und dem fruchtbaren Gebiet im Norden gibt es noch eine weitere Landschaftsformation, die ganz typisch für Lanzarote ist: der bis zu 8 km breite **Driftsandgürtel El Jable**, der sich etwa von Puerto del Carmen bis zu den Famara-Bergen im Norden hinzieht und immerhin 15 % der Inselfläche einnimmt. Besonders öde wirkt die Gegend rund um das Bauerndorf **Sóo** zwischen Tiagua und der Playa de Famara. So wie hier sah das gesamte Sanddünengebiet noch bis Ende des 19. h. aus. Dann aber machten die hiesigen Bauern aus der Not eine Tugend und nutzten die Erfahrungen der Landwirte im Süden der Insel. Diese betrieben nämlich schon lange den sog. **Trockenfeldbau**, in dem sie die Saugfähigkeit der basaltischen Lapilli nutzten, um Wein, Mais und Feigenbäume mit Feuchtigkeit zu versorgen.

Gedacht, getan. Wie ein Schwamm saugt der Jable (altspan. für Sand) den Nachttau auf, gibt die Feuchtigkeit tagsüber an den Humus und damit an die Wurzeln ab, und die Saat beginnt bald zu keimen. Nach den ersten – gelungenen – Versuchen, auf dem so lange brachgelegenen Sand-Land **Melonen** zu züchten, wagte man sich auch an andere **Ackerfrüchte**. Und siehe da, es funktionierte. Alsbald konnten Kartoffeln, Bataten, Tomaten, Gurken, Hülsenfrüchte und Getreide geerntet werden.

Der stets heftig wehende **Wind** auf Lanzarote macht es erforderlich, die jungen Pflanzen zu schützen. Während diese Funktion im Süden die akkurat gezogenen Mäuerchen aus dunklem Lavagestein übernehmen, sind es im Norden die dichten, etwa 15 cm breiten **Getreidestreifen** entlang der Äcker. Ist das Korn reif, wird es bis auf 50 cm kurze Stoppel abgemäht. Zudem beschweren die Landwirte den Boden vor allem während der Brache mit **Steinen**, damit der wertvolle, weil ertragreiche Sand nicht abgetragen wird. Für die Neusaat müssen die Steine wieder beiseite geschoben werden. Alles in allem eine ziemlich mühsame Arbeit!

man das bunte Treiben ringsum wunderbar bei einem Gläschen Wein beobachten kann. Die Pfarrkirche **San Roque** vom Ende des 18. Jh. gehört zu den attraktiveren Gotteshäusern der Insel, und deshalb finden hier viele Hochzeiten statt. Dass sie von vorne dreischiffig wirkt, liegt an der links angebauten **Taufkapelle** mit dem großen steinernen Taufbecken. In den anschließenden Räumen werden die Prozessionsfiguren aufbewahrt wie z. B. der auf einem Esel reitende Santiago. Einen Blick nach oben sollte man im Hauptschiff (rechts) auf die fein geschnitzte Mudéjar-Decke werfen, deren Felder blau und rot gefasst sind. Prunkstück der teils vergoldeten, weiß gerahmten Hauptaltarwand ist das **Kruzifix** des berühmten kanarischen Bildhauers Luján Pérez in der oberen Nische. Erwähnenswert ist außerdem ein Marienbildnis seines Schülers Fernando Estévez.

ℹ Praktische Hinweise

Information

Ministerio de Medio Ambiente,
Auskunftsbüro des Parque Nacional de
Timanfaya, Calle Laguneta 64, Tinajo,
Tel. 928 84 02 38/40 (Mo–Fr 8–15 Uhr)

Bar-Restaurant

La Mareta, Calle Laguneta 50, Tinajo,
Tel. 928 84 07 82. Gemütlicher Treff der
Luchadores und ihrer Fans vor dem
Terrero an der Hauptstraße mit kanari-
scher Küche und Tapas.

24 La Santa

*Für sportliche Leute ist dieser Club
das Paradies schlechthin.*

Es war der durch die Gründung seiner Rei-
seagentur berühmt gewordene Reise-Pa-
stor Tjaereborg, der hier, 8 km nördlich
von Tinajo, 1973 den ersten Sportclub errichtete. Doch so, wie sich dieses einzigartige **Sportzentrum** heute präsentiert, entstand es erst ab 1983. Sage und schreibe
396 Apartments können bis zu 1200 Personen beherbergen: Aktivurlauber und Profis wie Thomas Hellriegel, Stephan Vucko-
vic, Ulrike Schwalbe oder Angela Maurer –
Namen wie Jan Ullrich, Erik Zabel, Michael
Groß, Rolf Aldag, Franziska van Almsick,
Anni Friesinger und Kathrin Krabbe standen einst auf der Gästeliste. Aber auch Familien mit Kindern, die sich sportlich einmal so richtig austoben, vielleicht aber

*Fit halten für die nächste Meisterschaft: Zahl-
reiche Promis trainieren im Club La Santa*

auch nur sonnenbaden oder die Insel erkunden möchten, sind hier willkommen.
Zu diesem Zweck kann man übrigens
clubeigene Leihwagen mieten oder sich
organisierten Touren anschließen.

Doch an allererster Stelle rangiert in
diesem Club natürlich der Sport: Badmin-
ton, Handball, Volleyball, Basketball,
Squash, Banden- und Rasenfußball, Aero-
bic, Tischtennis, Minigolf oder Fahrrad-
fahren. Außerdem gibt es ein **Leichtath-
letikstadion**, in dem alle olympischen

Blitzblaue Verlockung – La Santas schwungvoll geformter Swimmingpool

Disziplinen mit Ausnahme von Hammerwerfen trainiert werden können, 10 Tennisplätze und vieles mehr. Die größte Rolle freilich spielt hier am Atlantik der **Wassersport**. Speziell zum gefahrlosen Tauchen und Windsurfen wurde eine herrliche 2 km lange **Lagune** zwischen der vorgelagerten Insel La Isleta und der Clubanlage geschaffen.

Ein Olympia-Schwimmbecken ist ebenso selbstverständlich vorhanden wie eine malerische *Poollandschaft* mit Terrassen und ein Kinderbecken. Zum Club gehören außerdem: Konferenzräume und ein Physiotherapie-Zentrum für Massagen, eine Klinik, in der Gesundheitschecks durchgeführt werden, sowie Anlagen für Fitness- und Gewichttraining. Auch über die sportlichen und gesundheitsfördernden Aktivitäten hinaus ist in diesem Komplex so einiges geboten. Dafür sorgen schon Strandclub und Diskothek, Restaurants, Pizzeria, Poolbar sowie ein ausgedehntes Shoppingcenter.

ℹ Praktische Hinweise

Sportzentrum

TOP TIPP **Club La Santa**, Urbanización La Santa, Tel. 928 59 99 99, Fax 928 59 99 90, www.clublasanta.de. Buchungen in Deutschland über Club La Santa, Sperberhorst 11, 22459 Hamburg, Tel. 040/5 51 00 34, Fax 040/5 51 95 92. Das größte Sportzentrum des gesamten Kanarischen Archipels, in dem außerhalb der Saison auch Profis trainieren.

25 Mancha Blanca

Hier steht eine der beliebtesten Wallfahrtskirchen Lanzarotes.

An der Brücke, dort, wo Mancha Blanca fast mit Tinajo zusammenwächst, sollte man unbedingt einen Blick in die Tiefe werfen: In einem flachen Vulkankessel, der **Caldera de Guigua**, haben die Bauern unterhalb ihrer hübschen Häuser eine unglaublich schöne, harmonische Gartenlandschaft aus flachen Terrassen geschaffen, auf denen Gemüse angebaut wird.

Die eigentliche Attraktion von Mancha Blanca aber liegt etwas außerhalb des Ortes in Richtung La Vegueta und Tiagua schräg gegenüber der großen Kreuzung: **TOP TIPP** Es handelt sich um die berühmte Wallfahrtskirche **Nuestra Señora de los Dolores**. Der Bau der Kirche im Jahre 1781 erfolgte zum Gedenken an ein Wunder der aus der Kirche von Tinajo [Nr. 23] entliehenen *Virgen de los Dolores*. Diese Madonnenstatue soll auf einer leichten Anhöhe ganz in der Nähe, dort, wo heute das Holzkreuz steht, am 16. April 1736 die von den Feuerbergen herunterströmenden Lavafluten knapp vor dem Dorf zum Stehen gebracht haben. Auch den glücklichen Umstand, dass ein wei-

Verkaufsidyll mit Esel – wie hier bei Mancha Blanca bieten immer wieder Händler am Straßenrand ihre selbst angebauten Produkte feil

Welch ein Wunder – wo heute das Holzkreuz vor ›Nuestra Señora de los Dolores‹ steht, brachte die Madonna 1736 die von den Feuerbergen herunterströmende Lava zum Stehen

terer Lavastrom – übrigens der letzte auf Lanzarote – 1824 Mancha Blanca verschonte, schreiben die Dorfbewohner ihrer Schutzherrin zu. So feiern sie diese beiden Wunder zweimal im Jahr ganz groß mit Prozessionen: am **24. Mai** (*María Auxiliadora*, Mariahilf) und am **15. September** (*Virgen de los Volcanes*).

Die von außen recht imposante weiße, mit dunklen Lavasteinen abgesetzte Kirche überrascht innen durch ihre Schlichtheit: Weiße Wände und schwarze Bodenplatten bestimmen den Raumeindruck. Durch die Kuppel über dem Chor fällt das Licht auf die cremefarben und braun marmorierte **Hochaltarwand**, die in der weißen Nische die verehrte *Virgen de los Volcanes* birgt, wie die Virgen de los Dolores seit ihren großen Wundern heißt. Die Muttergottes mit dem schmerzverzerrten Gesicht ist ganz in Samt und Seide mit kostbaren Stickereien gekleidet und mit Silberschmuck behangen. Übrigens ist die Kirche fast den ganzen Tag über geöffnet – eine Seltenheit auf Lanzarote!

Ausflug

Bei einem Vulkanausbruch kann unter sehr hohem Druck des heißen Magma, der Schmelze aus Gestein und Mineralien, beim Hochschleudern in Rotation versetzt werden und die Form einer Kugel annehmen. Die schönste und größte die-

ser **Vulkanbomben** genannten Gebilde findet man neben kleineren ›Geschwistern‹ unterhalb der *Montaña Colorada* (465 m).

Um sich dieses eindrucksvolle Naturwunder aus nächster Nähe anschauen zu können, fährt man von Mancha Blanca aus südwärts in Richtung der Straße Masdache – Uga. Nach etwa 5 km liegt dann

Hier hat die Natur beste Regie geführt – Lavabombe am Fuße der Montaña Colorada

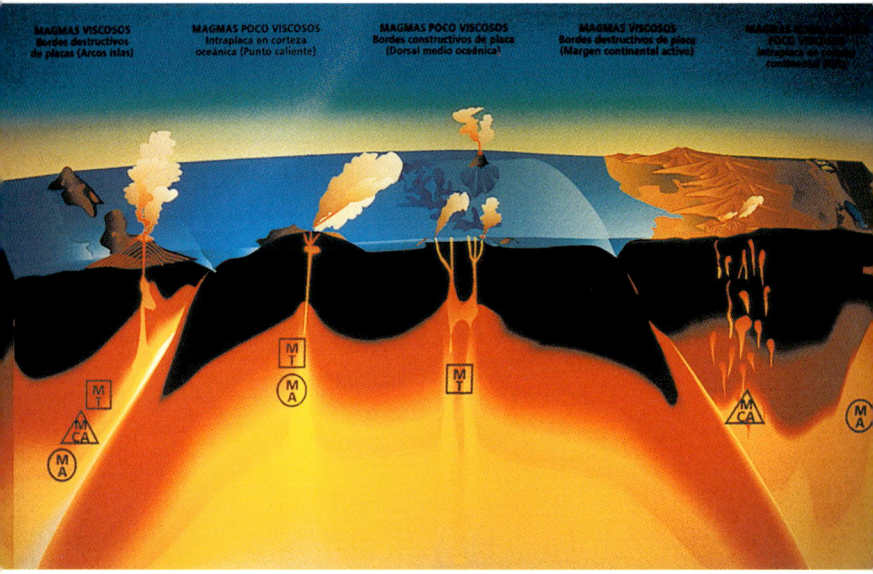

MAGMAS VISCOSOS
Bordes destructivos
de placas (Arcos islas)

MAGMAS POCO VISCOSOS
Intraplaca en corteza
oceánica (Punto caliente)

MAGMAS POCO VISCOSOS
Bordes constructivos de placa
(Dorsal medio oceánica)

MAGMAS VISCOSOS
Bordes destructivos de placa
(Margen continental activo)

MAGMAS POCO VISCOSOS
Intraplaca en corteza
continental

Faszinierende Vulkanologie – einen farbigen Einblick in das Innere der Feuerberge erhält man im Besucherzentrum von Mancha Blanca

links ein Schotterparkplatz, von dem aus man auf einer deutlich sichtbaren Piste etwa 10 Min. nach Südosten in Richtung Caldera Colorada marschiert. Und dann

Hochexplosive Demonstration von 400 °C Erdtemperatur im Timanfaya-Nationalpark

der große Augenblick: Riesigen Schoko-kegeln gleich liegen die teils bis zu 7 m hohen Basaltblöcke südlich des rotleuch-tenden Vulkanberges *Montaña Colorada* (518 m) vor dem Betrachter und lassen ihn einen Moment den Atem anhalten. So eindrucksvoll ist dieser Anblick!

26 Parque Nacional de Timanfaya

 Die aus heißer Magma gestaltete abenteuerliche Landschaft ist ein wahres Wunder der Natur.

Um den Nationalpark Timanfaya zu errei-chen, wählt man ab Mancha Blanca die nach Südwesten führende, gut ausge-baute Straße Richtung Yaiza. Etwa 2 km weiter liegt hinter Lavahügeln das **Cen-tro Visitantes Mancha Blanca** (tgl. 9–17 Uhr, Audiovision stdl. 9.30–15.30 Uhr), das unbedingt vor der Besichtigung der Feuerberge besucht werden sollte.

Die Architektur des 1994 eröffneten Be-sucherzentrums demonstriert, wie schön etwas von Menschenhand Geschaffenes in die Natur eingepasst sein kann. Das aus der Ferne kaum zu erkennende wei-ße Bauwerk überragt nur knapp die Vul-kanlandschaft, da der größte Teil in den Boden versenkt wurde.

Man sollte sich, obwohl alles – z. B. die Entstehung Lanzarotes und seiner Vulkanlandschaften – sehr schön auf Tafeln und per Audiovision erklärt wird, ruhig einer Führung in den dunklen ›Eruptionsraum‹ anvertrauen: Hier erlebt man einen Vulkanausbruch hautnah … Mehr wird jetzt allerdings nicht verraten!

Wer gut zu Fuß ist, sollte sich hier nach der nächsten geführten **Wanderung** im Nationalpark erkundigen. Man kann nach Voranmeldung kostenlos daran teilnehmen, wird dabei in Lavablasen und durch Lavatunnels geführt und hat die Möglichkeit, all das, was im Besucherzentrum theoretisch erklärt wurde, ›am Objekt‹ noch einmal zu vertiefen und endlich zu verstehen …

Vom Parkeingang sind es noch etwa 4 km bis zu den **Feuerbergen**. Mit der

Gewaltigste Attraktion der Kanaren – die schaurig-schöne, in vielen Farbtönen changierende Lavalandschaft des Parque Nacional de Timanfaya

drohend dunklen Landschaft und den bizarren Formen der Hügel und Berge wächst die Spannung. Man sollte ganz langsam fahren und sich die Entstehung dieser Landschaft durch die Vulkanausbrüche 1730–36 und dann noch einmal 1824 bildlich vorstellen. Hier wurden viele Dörfer unter glühender Lava erstickt, darunter auch *Timanfaya*, dessen Namen heute der höchste Vulkan der Gegend (510 m) und der 1974 gegründete, streng geschützte Nationalpark tragen.

Im Zentrum des Parks dürfen nur Busse verkehren, die das staunende Publikum in 45 Min. durch das Herz dieses größten Lavafeldes der Erde schaukeln. Langsam, untermalt von sphärischer Hintergrundmusik, schlängelt sich der Bus durch das 5107 ha große Areal. Ausgestiegen werden darf höchstens einmal, Fotostopps gibt es mehrere. Unterwegs werden die unterschiedlichen Magma-

erscheinungen erklärt, die schwarzen Kegel, die ockerfarbenen Kessel (*calderas*), die braungelb schimmernden, sich hoch auftürmenden Lavaformationen (tgl. 9–17, letzter Bus 16 Uhr).

Zuerst umfährt der Bus den **Mantó de la Virgen**, den ›Mantel der Jungfrau‹, so genannt, weil durch das schnelle Erkalten der Lava ein ›geöffneter Umhang‹ entstanden ist. In der Fachsprache nennt man diese Ausformung *Hornito*, Öfchen. Weiter vorne leuchtet schon die rote **Montaña Rajada** (37 m). Hier, am besten Aussichtspunkt des Nationalparks, dürfen die Fahrgäste manchmal aussteigen, nachdem sie ermahnt wurden, kein Stückchen Lava in die Tasche zu stecken. Von einer Art Balkon schaut man hinunter auf die sanft gerundeten schwarzgrauen Lavakegel, zwischen denen sich *Pyroklastenfelder* (griech. für zerbrochen) ausbreiten, die durch die plötzliche

◁ *Wartende Wüstenschiffe – vor ihrem Marsch entlang der Feuerberge können die Dromedare eine Pause sicherlich gut vertragen*

ten eines Dickblattgewächses, des endemischen Lanzarote-Aeoniums, und entlang der Pfade die ebenfalls endemische *Aulaga majorera* aus der Familie des Dornginsters.

Gelegentlich macht der Bus einen Abstecher in den **Valle de la Tranquilidad**. In diesem ›Tal der Stille‹, einer grauen, Furcht erregend wirkenden Senke ohne Horizont, mitten im Lavafeld, hört man wirklich keinen einzigen Laut. Nach diesem Erlebnis ist man froh, auf dem Höhenrücken des Timanfaya-Gebietes wieder etwas Sicht- und Geräuschkontakt zur Außenwelt zu haben, das schäumende Meer und die weißen Häuser des Dörfchens *Las Breñas* zu erblicken. Unmittelbar unter dem Kamm zieht die bunte Karawane der Dromedare aus Uga [Nr. 34] ihre Bahn durch die Schlacken im Vorfeld des Nationalparks. Aus diesem Blickwinkel sieht man, dass die Runde der Höckertiere recht klein ist und sich aus Naturschutzgründen nur am Rande der Feuerberge bewegen darf. Trotzdem ist ein solcher Ausritt eine lustige Urlaubseinlage.

Am Ende der Tour nähert man sich von oben dem **Islote del Hilario**. Hilario war übrigens ein Einsiedler, der hier lebte. Man muss genau hinsehen, um in der Lavalandschaft das 1970 von César Manrique kreierte Restaurant **El Diablo** auszumachen. Einfühlsam, mit Rücksicht auf die Umgebung, baute der Künstler das dunkle Gebäude aus feuerfesten Materialien in die Landschaft. Hier kann man ein weltweit einzigartiges Kochspektakel bestaunen. Auf einem Vulkanschlot-Grill werden Hähnchen gebrutzelt.

Unterhalb des Restaurants wird den Besuchern in zwei weiteren spektakulären Vorführungen demonstriert, welch hohe Temperaturen – 400 °C – noch immer an diesem Ort herrschen. So wirft z. B. ein Parkangestellter einen trockenen Dornlattichstrauch in ein tiefes Loch, wo sich die Pflanze in Sekundenschnelle in einen Feuerball verwandelt.

Auf der Terrasse darüber wird ein Eimer Wasser durch ein enges Rohr in die Tiefe gegossen. Und schon nach wenigen Sekunden zischen kochendes Wasser und Dampf mit einem ungeheuren Knall als Säule in die Höhe.

Eruption einer Magmakammer entstanden sind. Daneben schichten sich Lavahaufen auf, die eigentlich nur aus dem Gedärm des Vulkanteufels stammen können. Wohl deshalb gaben ihnen die Wissenschaftler auch so wunderbare Namen wie Seil-, Gekröse- oder Fladenlaven.

Auf der Weiterfahrt zum **Timanfaya**, dem eigentlichen Kern des Nationalparks, passiert der Bus eine Naturgrotte, den **Barranco del Fuego**. Hier sieht man gelbe Flechten, die sich an die Lavaschichten krallen. Die **Vegetation** hat nach etwa 250 Jahren begonnen, sich die bis dahin tote Lavalandschaft zu erobern. So wachsen im Timanfaya-Gebiet heute rund 100 Arten von Flechten. Und überall sieht man auf dem schwarzen Boden die grünen Büsche der Stumpfblättrigen Wolfsmilch und der Balsam-Wolfsmilch (*Euphorbia obtusifolia* und *Euphorbia balsamifera*), zwischendurch die Rosetten

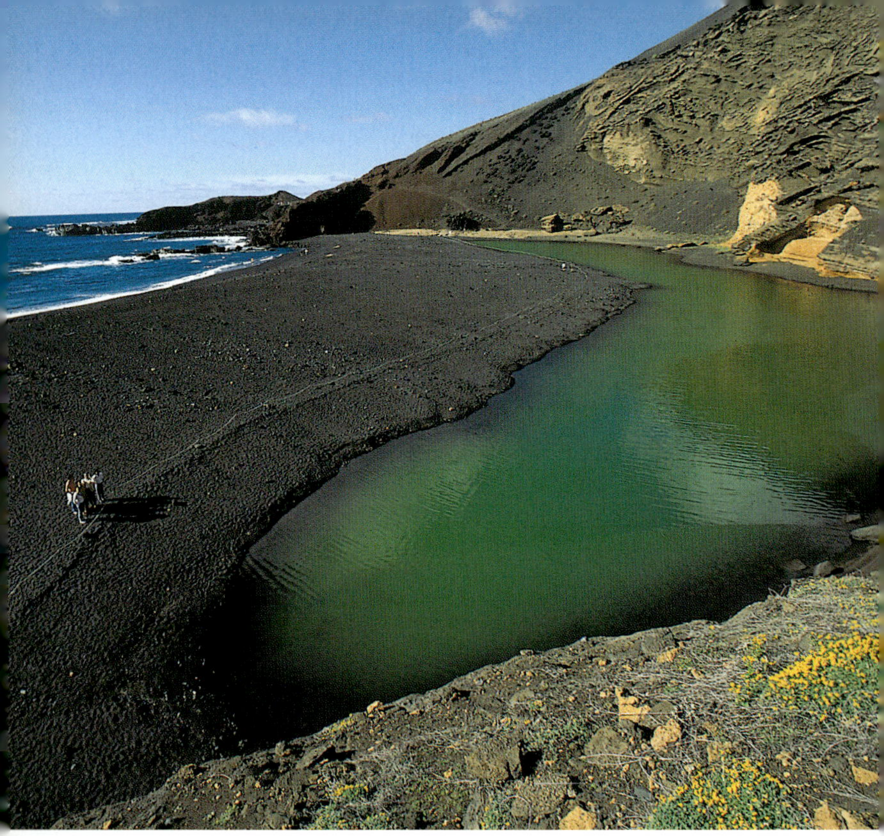

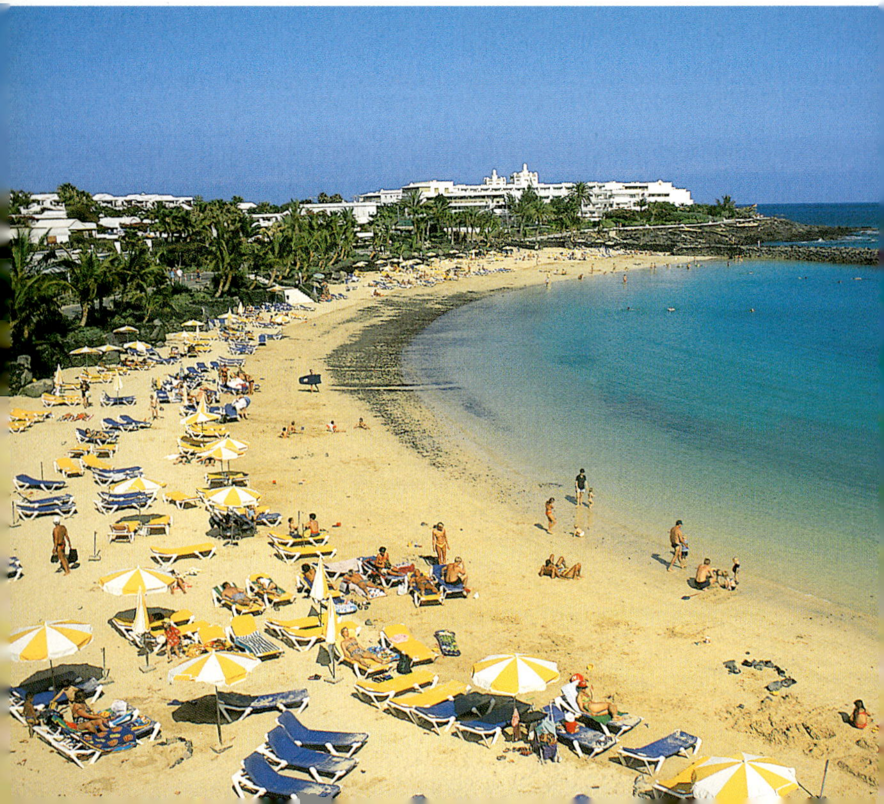

Der Südwesten –
Traumdünen und Touristenstädte

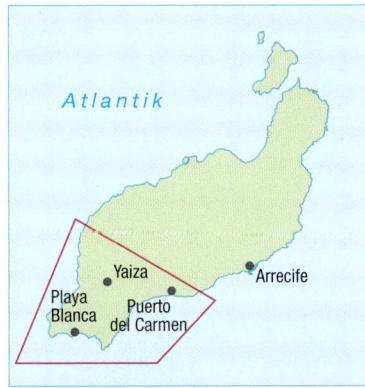

Einen faszinierenden Kontrast zu den dunkelfarbig leuchtenden Feuerbergen bieten die hellsandigen **Dünenregionen** der naturgeschützten Papagayo-Strände ganz im Südwesten, an denen man wunderbare Spaziergänge unternehmen kann. Nicht weit vom ruhigen Urlaubs- und Hafenort Playa Blanca stößt man in westlicher Richtung auf die trubelige **Ferienurbanisation** Puerto del Carmen, wo vor allem nächtens so richtig die Post abgeht. Dazwischen liegen einige schöne alte **Dörfer**, unter denen Yaiza mit seinen blendendweißen Bauernhäusern herausragt. Und in der Nachbarschaft lebt ein ganzer Ort, Uga, vom Ruhm seiner **Dromedare**, welche die Touristen zu den Feuerbergen schaukeln. An der Küste sind die **Salinen** von Janubio zum historischen Denkmal erklärt worden.

27 Yaiza

Ein schmuckes Städtchen mit schönen alten Gebäuden und einer sehenswerten Galerie.

Von der verkehrsentlastenden Umgehung zweigt die alte Hauptstraße ins Zentrum von Yaiza ab, das von seinen Bewohnern als schönstes Dorf Lanzarotes gepriesen wird. Und tatsächlich hat man den Eindruck, dass es mit Teguise und vielleicht auch Haría durchaus konkurrieren kann, sieht man die frisch geweißelten Häuser in den gepflegten Gärten sowie die zahlreichen schlanken Palmen und die rotblühenden Aloe-Pflanzen. Der alte Kern des Dorfes ist recht klein, und man sieht ihm nicht an, dass Yaiza das Verwaltungszentrum des Inselsüdens ist.

Viele Funde in der Umgebung, Tonscherben und Handmühlen, deuten darauf hin, dass dieses fruchtbare Gebiet schon vor 2000 Jahren von den Altkanariern besiedelt war. 1730–36 hatten die Lava speienden Ausbrüche des Timan-

◁ **Oben:** *Smaragdfarben schimmernde Lagune El Golfo.*
Unten: *Künstlich geschaffen, von Molen geschützt – die viel frequentierte Playa Flamingo von Playa Blanca*

faya auch Yaiza in Mitleidenschaft gezogen. Man baute den Ort anschließend ganz schnell wieder auf, ohne jedoch die mit Lava und Asche bedeckten Felder wieder in vollem Umfang landwirtschaftlich nutzen zu können. Viele Bewohner fanden fortan ihr Auskommen in den Salinen von Janubio [Nr. 30].

Heute spielt sich das Leben in Yaiza um den Hauptplatz, die lang gestreckte **Plaza de los Remedios** mit ihren einladenden Bänken, Palmen und schwer an ihren Früchten tragenden Pfefferbäumen, ab. Die östliche Schmalseite der Plaza schaut auf die von einem zweiteiligen offenen Glockenstuhl dominierte Pfarrkirche **Nuestra Señora de los Remedios**, die, außer zur Mittagszeit, fast immer besichtigt werden kann. Das relativ kurze, nur dreijochige Gotteshaus wurde 1690–98 anstelle einer Marieneinsiedelei errichtet. Zuvor mussten die Bewohner der Umgebung nach Teguise gehen, um zu heiraten oder ihre Kinder taufen zu lassen. Erst 1728 erhielt Nuestra Señora de los Remedios den Status einer Pfarrkirche. Nach den Vulkanausbrüchen 1730–36 musste sie allerdings erheblich restauriert werden.

Bei festlichen Anlässen betritt man das Gotteshaus durch das rechte, aus dunklem Holz geschnitzte Tor, ansonsten durch das

Stillen Sie Ihre Neugier! – die von außen eher schmucklose Kirche Nuestra Señora de Los Remedios in Yaiza überrascht im Inneren mit einer bunt bemalten Mudéjar-Decke

›Turismo Rural‹ gibt's auch auf Lanzarote immer mehr: Im Landesinneren werden rustikale Sommerhäuser für Urlauber restauriert, hier die Finca las Salinas in Yaiza

südliche Seitenportal. Im **Inneren** stützen vier recht klobige Rundpfeiler aus grauschwarzem Lavagestein die dunklen Mudéjar-Decken der beiden Langhausschiffe und des Querschiffes. Chorraum und Vierung sind, wie auf der Insel üblich, mit einer farbigen Mudéjar-Decke zusammengefasst. Es ist übrigens die einzige Lanzarotes, die von Anfang an bemalt war – alle anderen erhielten ihren bunten Schmuck erst später. Diese Decke in den Hauptfarben Rot, Blau und Gelb besitzt einen langen oktogonalen ›Spiegel‹ mit drei puttenverzierten Medaillons und Inschriften, von denen eine Maria verherrlicht: »Angelorum cori laetantes Nomen Mariae celebrant et alternantibus modulis dulcia carmina concinant.« (Die Engelschöre feiern fröhlich den Namen Mariae und stimmen mit verschiedenen Stimmen süße Lieder an). Und über der neoklassizistischen hölzernen **Hochaltarwand** mit dem gemalten Kruzifix liest man: »Hic omnia Remedia« (Hier sind alle Nothelfer). Schließlich ist die Kirche ja der ›Jungfrau der Vierzehn Nothelfer‹ geweiht! Die brokatgewandete Muttergottes steht in der Hauptnische der Altarwand auf einer überdimensionalen silbernen Mondsichel und trägt eine schwere Silberkrone, ebenso wie das Jesuskind auf ihrem Arm. Am Ende des linken Seitenschiffes wird die Schutzpatronin noch einmal mit einem Ölbild von 1785 verehrt.

Auf der Rückseite der Kirche öffnet sich vor dem bescheidenen **Rathaus** (viele Amtsräume wurden aus Platzgründen in anderen Gebäuden ringsum untergebracht) die kleine, vor lauter Bäumen kaum noch zu erkennende **Plazuela de Víctor Fernández**. Hier haben die Gemeindeväter das kleine, krugtragende Bauernmädchen aufgestellt, mit dem die ›schönsten Dörfer‹ Spaniens geehrt werden. Und Yaiza hat diesen Wettbewerb bereits zweimal gewonnen!

Hinter dem Rathaus befindet sich eine der Top-Adressen für Leute, die sich kulinarisch in bäuerlichem Ambiente verwöhnen lassen wollen: Anfang der 70er-Jahre des 20. Jh. kauften César Manrique und Luis Ibañez das 300 Jahre alte, heruntergekommene *Landgut*. Zuerst als Atelier geplant, stellten sich die beiden auf den Tourismus ein und gründeten das stilvolle Restaurant **La Era** (›die Tenne‹). Um einen schön bepflanzten Patio gruppieren sich niedrige Gebäude mit kleinen Gasträumen, als Schmuck dienen alte landwirtschaftliche Utensilien und Manriques Kachelkeramik.

Zurück geht es zur Plaza de los Remedios. Die **Casa de la Cultura** (Mo–Fr 9–13, 17–19 Uhr) am westlichen Platzende ist das Geburtshaus des Literaten und Politikers *Benito Perez Armas* (1871–1937). 1990 wurde es nach grundlegender Sanierung als Kulturzentrum mit Bibliothek und Ausstellungsräumen eröffnet, in denen einheimische Künstler ihre Gemälde und Skulpturen präsentieren können. Besonders gelungen ist die Anordnung der einzelnen Gebäude um den offenen **Innenhof**. Bemerkenswert auch die roten Ziegeldächer des Ensembles, die im Kontrast stehen zu den übrigen Dächern des Dorfes, die wie die Mauern der Häuser zumeist weiß gehalten sind. Das alles wirkt dank der kubischen Formen recht maurisch. Die Gebäudekanten der Casa de la Cultura bestehen alle aus akkurat behauenen, grauschwarzen Vulkansteinen, was den gepflegten Eindruck noch verstärkt.

In einem der hübschesten Bauernhäuser von Yaiza, Richtung Playa Blanca gelegen – es präsentiert sich blendendweiß mit grünen Fensterläden und Türen –, ist die **Galeria Yaiza** (Mo–Sa 17–19 Uhr, Tel. 928 83 01 99) untergebracht. Der deutsche Maler Wilfried Leitz († 1998), auf der Insel nur unter seinem Künstlernamen *Veno* bekannt, hat sie be-

TOP TIPP

In der vom Künstler Veno gegründeten Galeria Yaiza stellen einheimische Talente aus

Traditionelle landwirtschaftliche Utensilien schmücken den Patio des stilvollen Restaurants Jardines La Era

reits 1979 zusammen mit seiner Frau Friedel gegründet. Nicht nur zur Präsentation seiner eigenen Werke dient diese Galerie, sondern auch, um die jungen Talente der Insel zu fördern. Lange Zeit nutzte Veno das Gebäude auch als Atelier. Hier entstanden fast alle seiner von der Kargheit und besonderen Schönheit Lanzarotes beeinflussten impressionistischen Gemälde, vielfach in den Inselfarben Ocker und Gelb, Braun und Rot. Jetzt sind hier neben den Bildern seiner größten Entdeckung, *Tayó* aus dem benachbarten Uga [Nr. 34], und denen anderer Künstler auch Töpferwaren der inzwischen verstorbenen großen Dame des Kunsthandwerks, Dorotea aus Munique, ausgestellt. Seit Venos Tod wird die Galerie von seiner Frau weitergeführt.

Am Rande des Ortes stehen zwei restaurierte Herrenhäuser, die zu den schönsten Landhotels der Insel gehören. Die rötlichbraune **Finca de las Salinas** war im 17. Jh. im Besitz von Gonzalo Lleó, dem Mitinhaber der Salinen von Janubio. **La Casona de Yaiza** baute 1825 ein reicher Lanzaroteño als Sommerhaus. Beliebt ist das Restaurant im ehemaligen Weinkeller. In der früheren Zisterne wurde eine Galerie eingerichtet. Beide Häuser haben einen Pool und individuell eingerichtete Räume - so richtig etwas für Romantiker!

Hier hat sich die Natur ins Zeug gelegt – Blick ▷ auf die ›Grüne Lagune‹ El Golfo am Atlantik

i Praktische Hinweise

Hotel

****Finca de las Salinas**, Calle La Cuesta 17/Carretera General Yaiza – Arrecife 12, Tel. 928 83 03 25/6, Fax 928 83 03 29, www. fincasalinas.com. Eines der schönsten Hotels der Insel mit viel Komfort, Pool, Tennis, Fitnessraum und Bodega.

TOP TIPP ****La Casona de Yaiza**, Calle El Rincón 11, Yaiza, Tel. 928 83 62 62, Fax 982 83 62 63, www.casona deyaiza.com. Elegant gestaltetes Sommerhaus von 1825, sehr dekorativ, 8 geschmackvolle Zimmer, Pool, Jacuzzi. Restaurant im Weinkeller, Service auch auf der Terrasse, fantasievolle Küche.

Restaurants

El Volcan, Plaza Nuestra Señora de los Remedios, Yaiza, Tel. 928 83 01 56. Relativ preiswertes Lokal mit kanarisch-spanisch-internationaler Küche und einer großen Auswahl an Fleischgerichten.

TOP TIPP **Jardines La Era**, Barranco 3, hinter der Kirche, Yaiza, Tel. 928 83 00 16. Typisch kanarisches Restaurant mit Bodega im zauberhaften Garten eines alten Bauernhauses.

28 El Golfo

Traumhafte Lagune am Atlantik und ein kleines Nest voller Fischrestaurants.

Am südlichen Rand der Feuerberge führt die Straße durch raues, schwarzes Malpaís, landwirtschaftlich nicht nutzbares Gebiet, und weiter durch erodierte Lavalandschaft mit hoch aufragendem Blaugrünen Tabak (*Bobós*) und Wolfsmilchbüschen, die im heißen Sommer ihre Blätter abwerfen, um Feuchtigkeit zu sparen. Dann folgt wieder ein Stück Ödland, auf dem rot blühende Sukkulenten wachsen. Bald darauf fällt die Straße fast steil zum Meer ab, wo ein großer Parkplatz liegt.

Man sieht die wegen ihrer Farbe auch einfach Lago Verde genannte Lagune **El Golfo** nicht gleich, weil sie sich linker Hand hinter dem wie eine Abraumhalde wirkenden Rand einer abgebrochenen *Caldera* versteckt. Erst von oben hat man dann einen atemberaubenden Blick auf die unglaublich grün schimmernde, lang gezogene Lagune. Rechts trennt sie ein schmaler schwarzer Sand- und Kiesstrand vom Meer, auf den beiden anderen Seiten ist sie von höheren *Caldera*-Wänden aus Lava und Tuff umgeben, die wie aus Knetmasse geformt wirken und in den Farben Gelb und Ocker, Braun und Schwarz, Grün und Orange schimmern.

Ein **Trampelpfad** führt hinab zum Strandsee, der allerdings, weil seine Ränder abgetreten wurden, zeitweise von einem hässlichen weißen Seil umgeben ist. An Sommerwochenenden wird hier noch wild gecampt. Das einzigartige Naturschauspiel ist dadurch manchmal doch recht beeinträchtigt.

Ursprünglich war an dieser Stelle nach einem untermeerischen Vulkanausbruch Im Pleistozän ein Krater entstanden, dessen Wände relativ weich waren, sodass sich das stürmische Meer seine Hälfte holte. Später bildete sich zu Füßen dieses Halbkraters der kleine, aber großartige See, dessen smaragdgrüne Farbe durch Algen verursacht wird.

Zu Fuß geht es zurück zum Parkplatz und auf der anderen Seite in den kleinen Ort namens **Casas de El Golfo**, der praktisch nur aus Fischrestaurants besteht. So hat man die Qual der Wahl! Aber eines sollte man sich keinesfalls entgehen lassen: den fantasti-

Naturschauspiel Los Hervideros – weißgisch-tende Wellen vor schwarzen Lavafelsen ▷

schen Sonnenuntergang z. B. von der Terrasse des Restaurants El Golfo [s. u.] aus zu beobachten. Das nördliche Ende des Dorfes wurde durch einen laternengesäumten Weg erschlossen, an dem zahlreiche Kneipen und natürlich Souvenirläden wie Pilze aus dem Boden geschossen sind. Schließlich hat sich El Golfo zu einem der beliebtesten Ausflugsziele von einheimischen wie ausländischen Touristen entwickelt.

ℹ Praktische Hinweise

Unterkünfte

Die meisten Lokale in Casas de El Golfo vermitteln einfache Zimmer oder Apartments an Touristen. Informationen erhält man vor Ort.

***El Hotelito del Golfo**, El Golfo 10 a, Casas de El Golfo, Tel./Fax 928 17 32 72. Die frühere ›Casa Victoriano‹, bei vielen Einheimischen nur unter diesem Namen bekannt, hat sich zu einem gemütlichen kleinen Hotel mit ambitioniertem Restaurant gemausert; kleiner Pool.

Restaurants

El Golfo, Casas de El Golfo, Tel. 928 17 31 47. Großes, zweistöckiges, neben dem

Fischgenuss ohne Grenzen versprechen die Lokale im kleinen Casas de El Golfo

Hotelito gelegenes Terrassen-Restaurant mit freundlichem Service.

La Choza, Casas de El Golfo, Tel. 928 17 34 09. Kleines Restaurant mit Terrasse.

Lago Verde, El Golfo 46, Casas de El Golfo, Tel. 928 17 33 11. Während man köstlichen Fisch verzehrt, hat man die neue Seepromenade gut im Blick.

Mar Azul, El Lago 40, Casas de El Golfo, Tel. 928 17 31 32. Kleines typisches Fischlokal an der Promenade (August geschl.).

TOP TIPP **Placido**, Casas de El Golfo, Tel. 928 17 33 02. Das bekannteste Fischlokal des Ortes besteht aus einer Hütte mit Meeresterrasse. In den Kühltruhen lagern die frisch gefangenen Fische, unter denen man sich den schönsten aussuchen kann. Besonders empfehlenswert sind die kross gebratenen Seezungen, die über den Tellerrand hinausragen (Mo. geschl.).

29 Los Hervideros

TOP TIPP *Gewaltiges Naturschauspiel an der wilden Lavaküste im Inselsüden.*

Der Name Los Hervideros bedeutet ›die Brodelnden‹, und tatsächlich meint man beim Blick vom großen Parkplatz aus in den tiefen **Fjord** einen brodelnden Dampfkessel unter sich zu haben. So kräftig schlagen hier, 4 km südlich von El Golfo, die meterhohen Wogen des Atlantik in die schwarzen Vulkangrotten, pressen die weiß gischtenden Wellen in eine Öffnung und drücken sie spritzend aus der anderen wieder hinaus. Wer dem Schauspiel noch näher sein möchte, sich damit aber auch der Gefahr aussetzt, nass zu werden, kann im Scheitelpunkt des Fjordes über die natürlichen Lavabrücken gehen, die teilweise durch Geländer abgesichert sind.

Im Sommerhalbjahr muss man allerdings damit rechnen, enttäuscht zu wer-

Weißes Gold

Es gilt als sicher, dass die Salinen, die auf Lanzarote betrieben wurden, wie etwa am Risco de Famara, bei Costa Teguise, Arrecife und bei La Santa, die ältesten des gesamten Kanarischen Archipels sind. Im Falle der Salinen am **Risco de Famara** geht man davon aus, dass sie bereits in der Antike existierten, auch wenn schriftliche Aufzeichnungen darüber erst aus dem 15. Jh. stammen. Der in Arrecife tätige italienische Festungs-Baumeister **Leonardo Torriani** hatte sie 1590 sogar in seine Lanzarote-Karten eingetragen. Und ein englischer Händler namens George Glas hielt im Jahre 1764 fest, dass Salz aus der Saline von El Río (= Risco de Famara) nach Teneriffa und La Palma exportiert wurde. Zu Beginn des 19. Jh. sollen hier auf einer Fläche von mehr als 42 ha über 0,5 Mio. kg Salz pro Jahr produziert worden sein, wie der angesehene spanische Historiker Agustín Millares in seinem Tagebuch festgehalten hatte.

Erst im 19. Jh. folgte die Salzgewinnungsanlage oberhalb des **Puerto de Naos** im Osten von Arrecife, das sich dann am Ende des Jahrhunderts zum Exporthafen für Salz zur afrikanischen Küste entwickelte. Und in den 1920er-Jahren wurden dann auch die großen **Salinen von Janubio** in Betrieb genommen. Es war die Boomzeit der Salzindustrie auf Lanzarote. Doch das Aus erfolgte nach 1945, als moderne Kühlsysteme ihren Einzug hielten. Bis dahin allerdings wurden z. B. in den Salinen von Janubio noch bis zu 100 000 t Salz pro Jahr gewonnen. Bis in die 1960er-Jahre wurde

Von der Abendsonne verzaubert – die unter Denkmalschutz stehenden Salinen von Janubio

die **Produktion** dann jedoch immer mehr zurückgefahren.

Die Salzgewinnung hat sich übrigens über die Jahrhunderte hinweg kaum verändert, nur dass das Meerwasser heute auf Lanzarote mittels elektrischer Pumpen anstelle von Windmühlen in die großen Sammelbecken befördert wird. Mehrere Wochen lang verdunstet es dort, wird dann in kleinere Becken geleitet, wo es verbleibt, bis sich eine dickflüssige **Salzlake** gebildet hat, die dann in die eigentlichen Salinen fließt. Dort verdunstet das restliche Wasser, das Salz wird aufgehäuft und getrocknet.

den: Dann kann es vorkommen, dass die Hervideros nur träge vor sich hin dümpeln, statt ein aufregendes Naturschauspiel zu liefern. Den grünen **Olivinschmuck**, der auf dem Parkplatz angeboten wird, sollte nur erstehen, wem es gleichgültig ist, ob er von der Insel stammt oder nicht. Denn Lanzarotes Olivin ist brüchig, der für Schmuck geeignete harte Edelstein kommt aus Südamerika.

Fährt man weiter nach Süden, immer noch oberhalb der scharfkantigen, steil abfallenden Vulkanküste, die der Timanfaya und seine ›Nebenbuhler‹ im 18. Jh. schufen, öffnet sich nach kurzer Strecke ein großer **Vulkanbogen** über dem Was-

ser, viele kleine schwarze Buchten folgen, dann ist wieder ein Steinbogen markanter Blickpunkt. Das Malpaís ist hier besonders porös und brüchig.

30 Las Salinas de Janubio

Lanzarotes größte Salinen, die heute zum Teil wieder in Betrieb sind.

Mehrere verfallene Windmühlen stehen am meerzugewandten Rand der rund 2 km² großen Salinenanlage, die heute unter Denkmalschutz steht. Die Mühlen pumpten einst das Meerwasser in die höher gelegenen Verdampfungsbecken hinauf. Als sich die Salinen nicht mehr rentierten, ließ man sie verfallen. Andererseits waren sie schon immer eine attraktive Sehenswürdigkeit. Mit Mitteln des spanischen Staates und der EU soll deshalb ein Industriedenkmal entstehen und die Produktion zu Schauzwecken am Leben erhalten werden. Mit der Restaurierung wurde vor Jahren begonnen. Inzwischen kümmert sich Don Francisco um das ›weiße Gold‹. Das mineralienreiche Meersalz wird in Lanzarotes Supermärkten angeboten.

Am eindrucksvollsten präsentiert sich die Anlage kurz vor Sonnenuntergang, wenn die rosafarbenen **Becken** durch die Strahlen der untergehenden Sonne in goldgelbes und tiefrotes Licht getaucht werden. Die Steinmäuerchen zwischen den Verdunstungsbecken wirken dann noch dunkler, die Reste der Windmühlen heben sich wie Scherenschnitte vom Horizont ab, die weißen, zu Pyramiden geschichteten **Salzhaufen** erscheinen geradezu unwirklich. Die Salinen sind übrigens ein bedeutendes Revier für Vögel, wie z. B. Uferschnepfen, Stelzenläufer und Sandregenpfeifer.

Die **Playa del Janubio** südlich der Salinen (Man achte auf die Beschilderung ›La Playa‹!) ist eine ausgesprochene schwarzsandige Schönheit und bietet ein großartiges Naturschauspiel, wenn die hohen, weißgischtenden Wellen gegen die Felsen schlagen. An der Südwestküste fällt ein großer heller Kasten auf, die **Meerwasser-Entsalzungsanlage** für den Hafen- und Touristenort Playa Blanca.

ℹ Praktische Hinweise

Restaurant

El Mirador, Carretera Yaiza – El Golfo km 1, Tel. 928 17 30 70. Einfaches familiäres Ausflugslokal, das nur bis 17 bzw. 18 Uhr geöffnet ist. Schlichte kanarische Küche mit viel frischem Fisch. Vor allem aber kommt man wegen des Blicks auf die Salinen!

31 Playa Blanca

Relativ ruhiger Urlaubsort mit schönen Sandstränden.

Zwei Parallelstraßen führen von der Kreuzung La Hoya östlich der Salinen zum Urlaubszentrum Playa Blanca auf der praktisch unbesiedelten, recht kahlen **Rubicón-Halbinsel** am südlichsten Zipfel Lanzarotes.

Das zu einem Restaurant umfunktionierte Lagerhaus **Almacen de la Sal** erinnert daran, dass Playa Blanca (›weißer Strand‹) bis in die 1960er-Jahre hinein der Salzverschiffungshafen für die nahe gelegenen Salinen von Janubio war. Dann geriet das Fischernest fast in Vergessenheit, besaß nur ein paar Kneipen und Pensionen. Mit der Errichtung einer Apartmentanlage Ende der 1980er-Jahre wurde schließlich das touristische Zeitalter eingeläutet, das den Ort innerhalb weniger Jahre von überschaubaren 6 000 auf stattliche 18 000 Betten anwachsen ließ. An den Ortsrändern geht der Bau von Hotelkomplexen und Bungalowanlagen

Ein Traum von einem Hotel – das ›Lanzarote Park‹ in dem gepflegten Urlaubsort Playa Blanca

Hübsches Hafenidyll – mehrmals täglich verkehren Schiffe von Playa Blanca aus nach Corralejo auf Fuerteventura

weiter, im Osten entstand ein Jachthafen mit 500 Anlegeplätzen. Allmählich geht der Charme des Ortes verloren, die übertrieben hohe Zahl an Urlaubern schadet zunehmend der Gemütlichkeit des kleinen alten Kerns. Strapaziert ist auch die hübsche **Uferpromenade**, auf der man etwa oberhalb des hellsandigen schmalen und oft sehr überfüllten Hausstrandes flanieren und vor allem einkehren kann. Denn ein Restaurant neben dem anderen, eine Bar neben der anderen warten hier auf Gäste. Man sitzt fast überall im Freien und kann den Blick wunderbar übers Meer schweifen lassen.

Mehrmals täglich legen im außerhalb liegenden **Hafen** die Fähren an oder ab, die Lanzarote mit Fuerteventura über die knapp 15 km breite, nicht immer ruhige Meerenge von **La Bocaina** verbinden. Oft werden die Schiffe begleitet von blau schimmernden fliegenden Fischen, die

man in solchen Mengen sonst ganz selten sieht. Die große Nachbarinsel **Fuerteventura** mit ihren berühmten hohen Sanddünen hat sich zu einem der beliebtesten Ausflugsziele von Playa Blanca aus gemausert. Ein Abstecher zu der wegen ihrer stillen Buchten beliebten Nachbarin **Lobos** ist meistens inbegriffen.

ℹ Praktische Hinweise

Information

Oficina Municipal de Turismo de Playa Blanca, El Varadero, s/n, Playa Blanca, Tel. 928 83 62 22, Fax 928 51 82 02, turismo@yaiza.org, Juli–Sept. Mo–Fr 9–13.30 Uhr, Okt.–Juni Mo–Fr 9–14 Uhr

Busverbindung

Nach Arrecife: Mo–Sa 12-mal tgl. So 8-mal tgl. (über Tías). Fahrtdauer ca. 40 Min.

Bootsausflüge

Naviera Armas, an der Mole von Playa Blanca, Tel. 928 51 79 12/13

Lineas Fred. Olsen, an der Mole von Playa Blanca, Tel. 928 51 72 66

Nach Fuerteventura gibt es im Schnitt 6 Überfahrten von Playa Blanca nach Corralejo. Passagedauer ca. 35 Min.

Marea Errota, an der Mole von Playa Blanca, Tel. 928 51 76 33. Auf dem Schoner kann man eine ›Piratenfahrt‹ entlang der Küste zu den Papagayo-Stränden und zur Playa Quemada unternehmen.

Hotels

*****Gran Meliá Volcán Lanzarote, Puerto Rubicón, Playa Blanca, Tel. 928 51 91 85, Fax 928 51 91 32, www.solmelia.com. Hotel der Spitzenklasse, individuelle, moderne Architektur, Eingangshalle mit Werken des lanzaroteñischen Künstlers Ildefonso Àguilar.

****Lanzarote Park, La Lapa, Playa Blanca, Tel. 928 51 70 48, Fax 928 51 73 48, lanzarote.park@iberostar.com. Architektonisch sehr ansprechende Anlage mit großem Freizeitangebot.

****Lanzarote Princess, Calle Maciot, Playa Blanca, Tel. 928 51 71 08, Fax 928 51 70 11, www.h10.es. Sehr großzügige moderne Anlage mit Poollandschaft und zahlreichen Sportmöglichkeiten nahe der Playa Dorada.

****Timanfaya Palace, Calle Gran Canaria s/n, Playa Blanca, Tel. 928 51 76 76, Fax 928 51 70 35, www.h10.es. Großartiges, 1997 eröffnetes Hotel im maurischen Stil, ganz in Weiß mit vielen kühlen Wasserspielen und schönen Azulejos am westlichen Rand hinter dem Hafen von Playa Blanca. Reiches Sportangebot, Tauchschule und Hochseefischen.

Club- und Apartmentanlagen

***Atlantic Gardens, Urbanización Montaña Roja 42, Playa Blanca, Tel. 928 51 75 55, Fax 928 51 76 46. Vom Strand der Playa Flamingo im Westen und vom Hafen etwa 500 m entfernt liegende Bungalowanlage um zwei Süßwasserpools.

***Lanzasur Club, Urbanización Montaña Roja, Playa Blanca, Tel. 928 51 76 28, Fax 928 51 76 89. 1996 eröffnete Bungalowanlage um eine Poollandschaft 500 m von der westlichen Playa Flamingo entfernt.

Wie Perlen an einer Kette reihen sich die Restaurants an der Promenade von Playa Blanca

An den feinsandigen Papagayo-Stränden findet sich immer ein hübsches Plätzchen

Restaurants

Almacen de la Sal, Avenida Maritima 20, Playa Blanca, Tel. 928 51 78 85. Feines, jedoch touristisches Restaurant mit kanarisch-spanischen, aber auch internationalen Gerichten. Spezialität: Stockfisch.

Casa Brigida/El Marisco, Calle El Varadero 13/Calle El Falange, Playa Blanca, Tel. 928 51 73 85. Gutes, wenn auch leicht überteuertes Fisch- und Meeresfrüchtelokal, das bei Einheimischen beliebt ist.

Casa Salvador, Avenida Maritima 18, Playa Blanca, Tel. 928 51 74 76. Das älteste Fischrestaurant des Ortes in schöner Lage an der Uferpromenade. Mittelpreisig.

Jachthafen

Puerto Deportivo Marina Rubicón, Urbanisación Castillo del Àguila, Playa Blanca, Tel. 928 51 90 12, www.marina rubicon.com. Neuer Hafen mit 500 Anlegestellen, mehreren Restaurants, Bars und Boutiquen sowie Hotel [s. o.].

32 Playas de Papagayo und Los Ajaches

Naturschutzgebiet mit den schönsten Stränden der Insel.

Hübsch restauriert präsentiert sich das kleine runde **Castillo de las Coloradas**

östlich der Playa Blanca mit seinem winzigen offenen Glockenstuhl und der steilen Treppe zur kleinen Eingangstür hinauf. Das Kastell wurde 1769 errichtet und hat seinen Namen von der vielfarbigen Steilküste, über der es sich erhebt. Es soll einmal ein Museum oder das Informationsbüro des Naturparks aufnehmen. Von hier aus hat man einen wunderschönen Blick auf die Dünen der Papagayo-Strände. Das Gebiet hinter der Festung bis zu den 560 m hohen Los Ajaches wurde 1998 zum **Naturschutzgebiet** erklärt, und die Gemeinde von Yaiza verlangt von Autofahrern eine Eintrittsgebühr. Dadurch ist die Zahl der Besucher der vor allem bei **TOP TIPP** FKK-Fans beliebten **Playas de Papagayo** auf einen Schlag zurückgegangen. Viele ziehen darüber hinaus die gemütliche Anreise mit einem Ausflugsboot der mühsamen Fahrt über das holprige Gelände vor. Aber eben doch nicht alle. Pistenfans haben im Laufe der letzten Jahre mit mehr oder weniger geländegängigen Fahrzeugen überall in dem staubüberzogenen Gebiet ihre Reifenspuren hinterlassen und damit der empfindlichen Ökologie der Region erheblichen Schaden zugefügt.

Jetzt ist die Fahrt nur noch auf wenigen Wegen erlaubt, an deren Enden Naturschützer zudem noch große Steine platziert haben, um wirklich jeden davon abzuhalten, direkt an den Strand zu kutschieren. Hier soll sich jetzt die strapazierte Natur wieder erholen können.

Auf der großen Karte am Eingang zum Naturpark kann man sehen, wie die beliebten, feinsandigen Buchten hintereinander angeordnet sind: Zunächst kommt die *Playa de Mujeres*, mit 400 m Länge der größte und auch meistfrequentierte Strand (Imbisswagen). Es folgen die schmale, recht einsame *Playa de Caletón*, die etwa 300 m lange, gut besuchte *Playa del Pozo* mit der archäologischen Zone San Marcial de Rubicón [s. S. 114], die ebenso lange *Playa de la Cera* und die malerische, windgeschützte, oft aber überfüllte *Playa de Papagayo*

(auch FKK), die namengebend für die ganze Gruppe von Stränden ist. Den Abschluss bilden die flach abfallende *Playa Caleta del Congrio* mit ihrer starken Brandung und die knapp 100 m lange, dem Wind ausgesetzte *Playa de Puerto Muelas* mit Flutlicht, Wassertank und Imbisswagen, an der man im Sommer auf zahlreiche Camper trifft.

1402 kamen normannische Eroberer unter Jean de Béthencourt nach Lanzarote und siedelten sich mit Erlaubnis des Guanchenkönigs Guardafía im äußersten Südwesten der Insel, in den **Los Ajaches** oberhalb der Papagayo-Stränden, an. Im

Wie schön die Natur malen kann! – die wunderbaren Papagayo-Strände und ihre eindrucksvolle Umgebung stehen unter Naturschutz

Barranco de los Pozos findet man noch einige Überreste ihrer Siedlung: die Ruinen eines Wehrturmes, einige *Pozos* (Brunnen), die der Schlucht ihren Namen gaben, und ein Kreuz, das die Stelle markiert, an der die erste Kapelle gestanden haben soll. Nichts ist von diesem **San Marcial de Rubicón** geweihten Gotteshaus übrig geblieben, nach dem die Forscher das gesamte Grabungsgebiet benannt haben. 1404 wurde sie zur Kathedrale erhoben und war damit die älteste auf den Kanarischen Inseln überhaupt. Einige Ruinen und Felsritzungen deuten darauf hin, dass die Region der **Los Ajaches** schon von den Altkanariern besiedelt war. Die Forschungen sind im Gange.

Für das gesamte Gebiet – das kleine Castillo de las Coloradas inbegriffen –, ist die Einrichtung eines *Parque Temático* geplant, als Naturmonument sozusagen. Es soll auch das Meer um die Papagayo-Strände miteinbeziehen.

ℹ **Praktische Hinweise**

Wer sich das Gebiet von Las Ajaches nördlich der Papagayo-Strände zu Fuß erschließen möchte, sollte sich die kleine Faltbroschüre ›Senderismo turístico en Los Ajaches‹ im Rathaus von Yaiza besorgen. Darin sind – allerdings nur auf spanisch – sieben Wanderwege zwischen dem nördlich der Ajaches gelegenen Ort Femés und der Playa de la Casa sowie der Playa Quemada beschrieben.

33 Femés

Winziges Nest in herrlicher Aussichtslage über dem Rubicón, mit einer bedeutenden kleinen Kirche.

Weil die so nah am Meer gelegene Kirche San Marcial de Rubicón [s. links] vor Piratenüberfällen nicht mehr zu schützen war, wurde sie 360 m höher neu aufgebaut. Um dieses Gotteshaus herum wuchs dann ein kleines, heute sehr gepflegtes Dorf heran, dessen Bewohner lange Zeit von der Ziegenzucht und der Herstellung von Ziegenkäse lebten. Inzwischen finden die Einwohner ihr gutes Auskommen im Tourismus. Denn Femés wird auch als ›Balkon des Rubicón‹ bezeichnet, weil es so großartige **Ausblicke** auf die gesamte Halbinsel bietet. Wer sich für die Geschichte Lanzarotes interessiert, wird hauptsächlich wegen der kleinen und doch bedeutenden **Iglesia de San Marcial de Rubicón** ins meist windgepeitschte Dorf kommen. Die ansonsten gleißend weiße Wallfahrtskirche schmückt sich mit zwei Eingangsportalen aus rötlichem Vulkanstein. Lange Zeit vernachlässigt, wurde sie 1733 nach einem Besuch des Bischofs der Kanaren, Don Pedro Manuel D'Avila y Cardenas (an den eine Steintafel am Südportal erinnert), neu entdeckt und geweiht. Noch während der Timanfaya-Ausbrüche erwarb man für das Gotteshaus u.a. eine neue Statue des *San Marcial*, des Schutzpatrons und ersten Bi-

So fein herausgeputzt wie hier am Dorfplatz hat sich der ganze Ort Femés

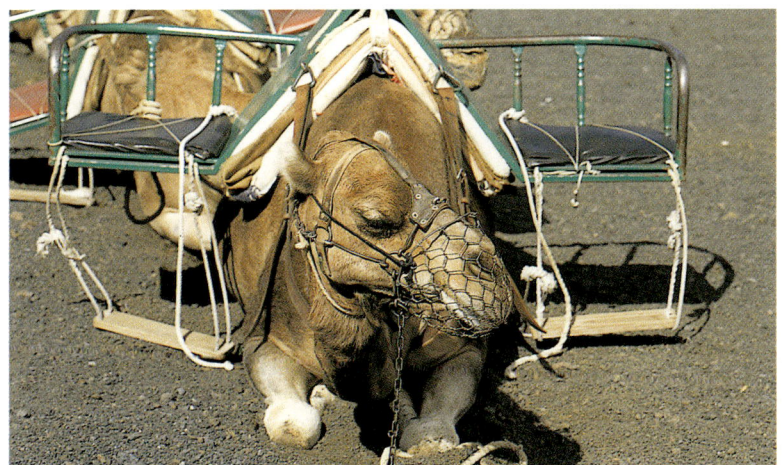

Lanzarotes Dromedare

Die einhöckrigen Dromedare aus der Familie der Kamele, die wahrscheinlich erst im 18. Jh. aus der Sahara nach Lanzarote importiert wurden, waren bald als Helfer der Bauern in der hiesigen **Landwirtschaft** unentbehrlich geworden. Denn diese Tiere haben keinerlei klimatische Anpassungsschwierigkeiten und sind äußerst genügsam. So benötigen sie nur Wildkräuter und trockene Büsche als Nahrung und kommen lange Zeit ohne Wasser aus.

Seit den 1970er-Jahren werden die geduldigen Dromedare vor allem als **Reittiere** genutzt, auf deren Rücken die Touristen gemächlich am Rande der Feuerberge durch die Lavalandschaft geschaukelt werden.

Die straff organisierten Kameltreiber von Uga können in der Regel ganz gut von ihrem Gewerbe leben. Die Nachfrage nach den Höckertieren ist nämlich so groß, dass man sie hier schon lange züchtet.

schofs von Lanzarote, und errichtete ihm zur Seite eine Pilgerherberge. Das war der Beginn der kleinen Siedlung Femés.

Sehr harmonisch ist der Raumeindruck des lang gestreckten Kirchenschiffes, dessen Wände mit zahlreichen **Bootsmodellen** verziert sind, welche Fischer ihrem Patron Marcial als Votivgabe für die Errettung aus Seenot überlassen haben. Die Decken des Gotteshauses sind im Mudéjarstil gehalten. In der Hauptnische der **Hochaltarwand** steht übrigens die bereits erwähnte Statue des Heiligen.

Das **Fest** zu Ehren San Marcials wird am 7. Juli in Femés abgehalten. Es ist die größte, mehrere Tage dauernde religiöse Feier Lanzarotes mit Prozession, Budenzauber sowie Tanz und lauter Musik auf der Plaza.

Auf der Fahrt von Femés nach Uga sieht man mit ein wenig Glück links und rechts junge Dromedare grasen. Denn hier, in der Nähe von Las Casitas de Femés, ist die ›Kinderstube‹ der Höckertiere von Uga.

ℹ Praktische Hinweise

Restaurants und Bar

Balcón de Femés, Calle San Marcial 9, Femés, Tel. 908 83 01 79. Restaurant mit großer verglaster Veranda, die den Blick auf den Rubicón freigibt und damit seinem Namen ›Balkon von Femés‹ durchaus gerecht wird. Kanarisch-spanische Gerichte wie Zicklein oder Kaninchen werden an schön gedeckten Tischen serviert.

Bar Femés, am Ortseingang, Femés. In der einfachen Bar treffen sich die Einheimischen beim ungekrönten König von Femés, dem Käsereibesitzer Rey. In einer kleinen Kammer hinter dem Lokal wird Ziegenkäse verkauft.

Casa Emiliano, Femés Nr. 34, Femés, Tel. 928 83 02 23. Das vielleicht hübscheste Lokal des kleinen Dorfes mit Terrasse. Kanarische und internationale Küche.

34 Uga

Kameltreiber-Dorf mit Lachsräucherei.

Regelrecht afrikanisch mutet das Dorf Uga mit seinen relativ weit verstreuten würfelförmigen Häusern an, zwischen denen sich große, mit Lavagranulat bedeckte Gärten ausbreiten. In ihnen setzen Kakteen und Palmen grüne Farbtupfer, die einen schönen Kontrast zu den weißen Häusern und dem schwarzen Boden bilden. So sieht auch der Garten des Manrique-Schülers *Tayó* aus, in dessen **Atelier** (Tel. 9 28 83 04 37) am Ortsrand seine Kreationen bewundert werden können. Verkauft werden die Werke in der Galeria Yaiza. Ursprünglichkeit und Fröhlichkeit spiegeln diese Gemälde mit den zauberhaften kindlichen Motiven wider.

Mitten in Uga steht die moderne Kirche **San Isidro Labrador**. Bis auf die grüne Holzbalustrade auf dem Dach ist sie blendend weiß gestrichen und wird von einem doppelten offenen Glockenstuhl überragt. Das holzgetäfelte Innere ist schlicht, ganz ohne schmückendes Beiwerk. Mit seinen Stützmauern sieht der Bau von vorne fast wie eine Glocke aus. Liebevoll gepflegt sind die Blumenbeete zwischen den weißen Mäuerchen und der Garten mit roten Geranien, Hibiskus und einem schönen Drachenbaum.

Die Hauptattraktion in diesem eher unscheinbaren, aber überaus adretten Dorf mit seinen Palmen stellen allerdings die **Dromedare** dar, die hier gezüchtet werden. Zwei Bar-Restaurants, in denen man original-kanarische Küche probieren kann, streiten um den Ruf, *der* Treffpunkt der Kameltreiber zu sein: die *Casa Gregorio* und das *Timanfaya*. Und wer es vornehmer liebt, der ist in der *Bodega* am Dorfrand, die zur berühmten Lachsräucherei gehört, bestens aufgehoben.

ℹ Praktische Hinweise

Einkaufen

La Ahumaderia, an der LZ 2 Richtung Yaiza links, Tel. 928 83 01 32. Die in einem

seinen zwei holzgetäfelten Räumen, in denen knoblauchduftende kanarische Gerichte auf den Tisch kommen, ist einer der Treffs der nachmittäglich vom Timanfaya zurückkehrenden Kameltreiber.

Timanfaya, Calle Ganchillo 7, Uga, Tel. 928 83 00 03 und 928 83 03 03. Riesiges Lokal mit mehreren Räumen, das an Wochenenden gern von Hochzeitsgesellschaften aufgesucht wird. Freundliches Ambiente mit alten Luchadores-Bildern. Große Tapas-Auswahl an der Bar.

35 Playa Quemada

Dieser lange schwarze Strand ist ein beliebtes Wochenendausflugsziel der Lanzaroteños.

Etwa 2,5 km hinter Uga biegt die LZ 706 in Richtung Süden ab und erreicht nach weiteren 4 km die Playa Quemada. Sie liegt am Ende des Naturschutzgebietes um Los Ajaches [s. S. 113] und ist der einzige Strand von Bedeutung, der in dieser Region mit dem Wagen über eine Asphaltstraße erreichbar ist. Im einstigen Fischerort, der von seinen Bewohnern praktisch aufgegeben wurde, findet man heute fast nur noch Ferienhäuser und ein paar einfache Fischkneipen, die am Wochenende gut besucht, an den anderen Tagen ein Paradies für Ruhe suchende Genießer sind. Fast immer sitzt man herrlich luftig auf einer der Terrassen, blickt aufs Meer, das rechter Hand von den zum größten Teil steil abfallenden Hängen des Ajaches-Massivs begrenzt wird, und beobachtet die Boote, die vor den Buchten schippern, oder man spaziert an den langen schwarzen Kieselstrand, um dort ein Sonnenbad zu nehmen. Diesen Freizeitspaß genießen auch die Einheimischen, die an Wochenenden den Strand bevölkern.

Hinter dem ersten Felsvorsprung trifft man dann auf eine bei ›wilden‹ Campern beliebte kleine Bucht mit schwarzem Sand. Vom Ort aus ist sie bei Ebbe zu Fuß oder bei Flut über einen oben entlangführenden Trampelpfad zu erreichen.

schönen alten Bauernhof untergebrachte Lachsräucherei wurde von einem deutschen Ehepaar gegründet. Die Spanier, die sie inzwischen übernommen haben, halten an der Tradition des Hauses fest, nur frisch eingeflogenen Lachs aus Norwegen und Schottland zu verwenden (Di–Fr 10–13.30 und 16–18.30, Sa 10–14 Uhr).

Bar-Restaurants

Bodega, LZ 2 s/n am östlichen Ortsrand, Uga, Tel. 928 83 01 47. Typisches Bauernhaus mit großer Zisterne und schön angelegtem kleinen Garten sowie schattiger Terrasse vor dem sehr gemütlichen Restaurant. Hier werden abends bei Kerzenschein kleine feine Köstlichkeiten – vor allem geräucherter Lachs – und Lanzarote-Weine kredenzt. Tagsüber erhält man auch im Freien Kleinigkeiten. Hochpreisig (Fr–Mi 12–15 und 19–24 Uhr).

Casa Gregorio, Uga, Tel. 928 83 01 08. Das äußerst gemütliche Lokal mit

Im stilvoll-bäuerlichen Ambiente der ›Bodega‹ in Uga werden köstlicher Räucherlachs und hervorragende Inselweine kredenzt

ℹ Praktische Hinweise

Restaurants

7 Islas, Calle La Bajita s/n, Playa Quemada, Tel. 928 17 32 49. Einfaches Terrassen-Restaurant, in dem Fischliebhaber auf ihre Kosten kommen.

36 Puerto Calero

Jachthafen der Superlative mit gutem Restaurant- und Wassersportangebot.

José Calero Rodriguez, ein wohlhabender Mann und leidenschaftlicher Segler, hat sich hier, nur 3 km südlich der LZ 2 und nahe dem Touristenzentrum Puerto del Carmen, einen Traum erfüllt und auf seiner Heimatinsel einen Ort der Begegnung in frischer Meeresluft geschaffen. Für die Pläne von Puerto Calero zeichnete ein langjähriger Freund César Manriques, der Designer und Architekt *Luis Ibañez*, verantwortlich, der hier alles in maritimem Weiß und Blau hielt.

420 Anlegeplätze für Jachten jeder Größe bietet der durch eine Mole geschützte **Hafen**. Mit der ausladenden, stilvoll ausgestatteten Terrasse des Jachtklubs beginnt hier auch der Reigen der **Restaurants**, in denen man sich kulina-

risch verwöhnen lassen kann. Eine große Attraktion ist das **U-Boot Sub Fun 3** [s. u.], mit dem man unweit der Küste auf Tauchgang gehen kannn.

Auch für Landratten bietet Puerto Calero inzwischen eine Attraktion: das **Museo de Cetáceos de Canarias** (Edificio Antiguo Varadero, 1. Stock, Local 11, www.museodecetaceos.com, tgl. 10–18 Uhr, jeden 1. Do im Monat geschl.). Hier erfährt man alles über die Säugetiere des Meeres, über Wale und Delfine mit Reproduktionen in authentischer Größe, originalen Skeletten und Tonaufnahmen.

ℹ Praktische Hinweise

Wassersport

Catlanza, Local Nr. 1, Puerto Calero, Tel. 928 51 19 92. Katamaransegeln mit kostenloser Benutzung von Jetski und Schnorchelausrüstung. Auch Hochseefischen mit kleineren Booten ist möglich.

U-Boot-Ausflüge

Submarine Safaris, Puerto Calero, Tel. 928 51 28 98. Hier werden mehrmals tgl. Tauchgänge mit *Sub Fun 3* vor dem Hafen von Puerto Calero bis in 25 m Tiefe angeboten, wo man eine recht abwechslungsreiche Unterwasserwelt beobachten kann – Schiffswrack inbegriffen.

Restaurants

Amura, Puerto Calero, Tel. 928 51 31 81. Elegantes hochpreisiges Spitzenrestaurant. Spezialität Milchspanferkel (ab 13 Uhr bis nachts durchgehend, Mo geschl.).

El Bar del Club, direkt am Jachthafen, Puerto Calero, Tel. 928 51 31 81. Sehr feiner Jachtclub im Kolonialstil mit herrlicher Terrasse, in dem zahlreiche Salatvariationen, Barbecue und kanarische Küche angeboten werden (Mo geschl.).

El Tomate, Puerto Calero, Tel. 928 51 22 10. Einfaches Restaurant mittlerer Preisklasse, in dem man hauptsächlich Tapas und Sandwiches erhält.

La Pappardella, Puerto Calero, Tel. 928 51 29 11. Das Ristorante mit italienischem Ambiente ist die Adresse für Pasta, Pizza und hausgemachte Süßspeisen.

Taberna del Puerto, Puerto Calero, Tel. 9 28 51 28 82. Schlichte, mittelpreisige Tapas-Bar mit Reis- und Grillspezialitäten.

37 Puerto del Carmen

Eine lebhafte Urlaubsstadt mit breiten Sandstränden am sauberen Meer.

Aus dem in den 1970er-Jahren noch ganz verträumten Fischerdörfchen *La Tiñosa* ist inzwischen das bedeutendste und größte Ferienzentrum Lanzarotes geworden. Unzählige Hotels, Apartments, Pensionen und Ferienhäuser warten mit mehr als 30 000 Betten auf Gäste aus Deutschland, Großbritannien und Skandinavien, die sich das ganze Jahr über am fast 8 km langen Strandboulevard tummeln.

Mit seinen teilweise noch im alten kanarischen Stil erhaltenen Häusern am einstigen **Fischereihafen** wirkt das alte Puerto del Carmen am westlichen Rande der Urlaubsfabrik noch recht ursprünglich. Heute legen hier allerdings eher Ausflugsschiffe als Fischerboote an. Auf dem großen Parkplatz neben dem Hafen ist meist für die zahlreich stattfindenden Feste ein *Lunapark* mit allerlei Fahrgeschäften aufgebaut, die Fischlokale ringsum laden praktisch den ganzen Tag zur Einkehr. Etwas erhöht oberhalb des Hafens entdeckt man in einer Seitengasse die sehr schmale Kirche **Nuestra Señora del Carmen** mit spitzem Satteldach, in der auch ökumenische Messen stattfinden. So sieht man hier an Sonn- und Feiertagen neben den zerfurchten Gesichtern alter Fischersfrauen auch viele braungebrannte ausländische Gäste.

Besonders lebhaft geht es am Sonntag im Hafen von Puerto del Carmen zu. Schon früh duftet es hier dann nach frisch gebratenem Fisch. Denn an diesem Tag haben die Einheimischen Zeit hinauszufahren. Und wenn sie zurückkehren, verkaufen sie ihren Fang gleich an der Mole. Anschließend begibt man sich in die frü-

Tief hinab – mit dem U-Boot geht's in die Unterwasserwelt vor Puerto Calero

here Fischhalle **La Lonja** direkt im Scheitelpunkt des Hafens und trinkt in aller Ruhe einen spanischen Brandy und verzehrt dazu ein paar Tapas. Im rechten Teil der *Markthalle* gibt es an den Werktagen frischen Fisch zu kaufen. Zwei Stockwerke höher – nach hinten versetzt – hat man im wundervollen Baukomplex der früheren Werft Gelegenheit, sich im Spitzenlokal **El Fondeadero** durch Schüler der Restaurant-Fachschule Lanzarotes kulinarisch verwöhnen zu lassen.

Über dem Hafen und den schwarzen Lavafelsen der Steilküste erblickt man kleine weiße Villen und Reihenhäuser, die einen fantastischen Blick auf die Küste bieten. Hier steigt die Straße steil nach Norden an und wird flankiert von zahlreichen Aparthotels, Geschäften, Reisebüros und vor allem Supermärkten. Busstation und Postamt befinden sich ebenfalls im oberen Bereich.

Spätabends öffnen rings um den Hafen einige Nachtlokale ihre Pforten, die meisten jedoch gibt es im Urlaubszentrum entlang der Strandpromenade **Avenida de las Playas**. Irische oder englische Pubs, typisch spanische Bars, deutsche und skandinavische Lokale häufen sich, je weiter man sich nach Osten begibt. Eine fast 8 km lange Hotel- und Clubanlagen-, Restaurant- und Vergnügungs-Meile zieht sich bis in die neueren Vororte der

Playa de los Pocillos und der Playa de Matagorda hin und erreicht mittlerweile sogar den Flughafen. Für ruhebedürftige Urlauber bieten die Hotels an der Strandpromenade nicht gerade die idealen Unterkünfte, eher schon jene, die in zweiter und dritter Reihe stehen.

Drei schöne **Strände** von insgesamt 4 km Länge sind das große Kapital von Puerto del Carmen.

TOP TIPP Vom Fischerhafen aus gesehen stößt man zuerst auf die **Playa Grande**, die an den Bausünden aus der Pionierzeit des Ortes, den Hotels Los Fariones und Fariones Playa, ihren Anfang nimmt. Nach einem etwa 2 km langen, hellen Sandstrand mit bunten Sonnenschirmen und Liegen folgt ein Stück Felsenküste. Um die **Punta El Barranquillo** herum beginnen schließlich beim Hotel San Antonio die endlos langen Strände der **Playa de los Pocillos**, die sich bei Flut teilweise in eine Lagune verwandelt, und der kürzeren **Playa de Matagorda** – beide mit feinem Sand und den gleichnamigen Urbanisationen, die aus lauter Hotels und Clubanlagen mit meist gelungener inseltypischer Architektur bestehen. Die blauen oder grünen Holzbalkone, Turmaufsätze und Holzgeländer stellen hübsche Blickfänge dar. Während die Playa Grande unterhalb der Promenade und den dekorativen schwarzen Fels-

›Fit for Fun‹ heißt das Motto des trubeligen Touristenzentrums Puerto del Carmen

Immer noch stimmungsvoll – Puerto del Carmens Fischerhafen La Tiñosa

wänden als Stadtstrand mit Duschen und Toiletten eingerichtet ist, findet man an den beiden letztgenannten Stränden nur Sonnenschirme und Liegestühle, die gemietet werden können.

Zwischen der Playa de los Pocillos und der Playa de Matagorda kommen Surfer voll auf ihre Kosten, denn am kleinen Kap mit den Piedras de Cima ist entsprechender Wind fast immer garantiert.

Ausflug

Nur wenige Kilometer nördlich von Puerto del Carmen liegt die Verwaltungsgemeinde **Tías**. Das reiche Städtchen zieht sich an der schön mit Hibiskusbüschen und Palmen geschmückten breiten *Avenida Central* entlang. Sehenswert in der Ortsmitte ist die hübsche aufgelassene Kirche *San Antonio,* die früher als Cilla, als Pfandleihhaus diente. Der weiße, mit schwarzen Lavasteinen abgesetzte Bau stammt aus dem 17. Jh. Nach seiner Res-

taurierung sollen hier Kunstausstellungen stattfinden. Sonst bietet Tías keine nennenswerten Sehenswürdigkeiten. Empfehlenswert freilich ist der Ort für Selbstversorger: In den Supermärkten kann man weitaus günstiger einkaufen als in Puerto del Carmen.

ℹ️ Praktische Hinweise

Information

Oficina de Turismo de Puerto del Carmen, Avenida de las Playas, s/n, Puerto del Carmen, Tel. 928 51 33 51, Fax 928 51 56 15, puertodelcarmen@ cabildodelanzarote.com, Juli–Sept. Mo–Fr 10–16, Sa 10–13 Uhr, Okt.–Juni Mo–Fr 10–17, Sa 10–13 Uhr

Información Municipal (nur für die Gemeinde Tías mitsamt Puerto del Carmen) im Komplex des Fondeadero am Hafen, Puerto del Carmen, Tel./Fax 928 51 53 37 (wochentags vormittags geöffnet).

Busverbindungen

Die Buslinie 2 pendelt zwischen Puerto del Carmen und Arrecife. Abfahrtszeiten: Puerto del Carmen 7–24 Uhr, Arrecife 6.20 –23.15 Uhr je nach Tageszeit alle 30 Min. bis 1 Std. Busstation: Neben der Post an der Calle Juan Carlos I. Richtung Tías.

Wassersport

Atlantica Tauchzentrum, Aparthotel Fariones, Puerto del Carmen, Tel. 928 51 07 17, www.atlanticadiving.es

Barakuda Club, Hotel La Geria, Puerto del Carmen, Tel./Fax 928 51 27 64, Mobiltel. 616 12 32 63, www.pp-diving-center.de

Hotels

Die Auswahl an guten Hotels aller Kategorien ist riesig. Besonders beliebt sind Clubanlagen bzw. Aparthotels, in denen man sich selbst versorgen, aber auch Restaurants aufsuchen kann. Große, dennoch schöne Anlagen findet man fast durchweg an der Playa de los Pocillos bzw. oberhalb des Strandboulevards. Die meisten Urlauber buchen Hotel, Flug und Transfer über Reiseveranstalter. Wer selbstständig buchen möchte, muss in der Regel mit höheren Preisen rechnen. Nachfolgend einige Empfehlungen:

****La Geria**, Playa de los Pocillos, Puerto del Carmen, Tel. 928 51 04 41, Fax 928 51 19 19, www.hipotel.com. Der

◁ *Überraschung gelungen? – auch auf Lanzarote findet man herrliche Sandstrände wie hier in Puerto del Carmen*

www.riu.com. All Inclusive-Hotel mit komfortabler Ausstattung, mehreren Restaurants, Disco, 5 Pools, 2 Kinderbecken und Miniclub. Zum Sport- und Wellnessangebot zählen Tennis, Beachvolleyball, ein Fitnessraum, Gesundheits- und Schönheitscenter.

***Hipotels Barcarola Club, Avenida de las Playas 53, Puerto del Carmen, Tel. 928 51 07 50, Fax 928 51 08 16. Aus mehreren Gebäuden bestehende, sehr gut geführte einfachere Anlage mit gepflegtem Garten an der Durchgangsstraße zwischen der Playa de los Pocillos und der Playa Grande. Der bereits 1976 errichtete Komplex ist modernisiert und gepflegt.

***Lanzaplaya, Calle Mexico 2, Puerto del Carmen, Tel. 928 51 01 61, Fax 928 51 10 57, www.ralaxia.net. Ausgedehnter Komplex oberhalb der Playa Grande mit Pool und Kinderbecken, 2 Restaurants, mehreren Bars, Supermarkt und Miniclub.

Restaurants

El Fondeadero, Plaza del Varadero, Puerto del Carmen, Tel. 928 51 14 65. Restaurant der Hotel- und Restaurant-Fachschule der Insel, in dem die besten Schüler arbeiten. Große Aussichtsterrasse und gepflegte Räume. Spanische und internationale Küche.

El Sardinero, Plaza del Varadero s/n, Puerto del Carmen, Tel. 928 51 19 33. Direkt an der Lavaküste am Hafenrand gelegenes, sehr beliebtes Restaurant mit schmaler Terrasse zum Meer hin.

El Varadero, Plaza del Varadero 34, Puerto del Carmen, Tel. 928 51 31 62. Größeres Fischrestaurant in einer früheren Lagerhalle am nördlichen Rand des Hafens.

La Lonja, Puerto del Carmen, Tel. 928 51 13 77. Bar-Restaurant in der früheren Fischhalle, in dem stets frischer Fisch serviert wird. Auch Fischverkauf.

Nachtleben

Rumm, Plaza del Varadero s/n, Puerto del Carmen, www.rummclub.com. Schicke Disco mit Lounge direkt am Hafen, heiße Rhythmen von Do bis Sa ab 21 Uhr.

freundliche Hotelkomplex vis-à-vis vom Strand verfügt über eine Tennisanlage und ist Sitz des Barakuda-Tauchclubs.

TOP TIPP ******Los Jameos Playa**, Playa de los Pocillos, Puerto del Carmen, Tel. 928 51 17 17, Fax 928 51 42 19, www.seasidehotels.com. Luxuriöse Hotelanlage, die sich um zwei Pools gruppiert. Mit Fitnessraum und Tennisplätzen. Abendunterhaltung mit tgl. wechselndem Programm. Zurückhaltender Service, aber sehr gute Küche, abends gibt's fast immer frischen Fisch.

****RIU Paraiso Lanzarote Resort, Playa de los Pocillos, Puerto del Carmen, Tel. 928 51 24 00, Fax 928 51 24 09,

Lanzarote aktuell A bis Z

▮ Vor Reiseantritt

ADAC Info-Service:
Tel. 018 05/10 11 12, Fax 018 05/30 29 28
(0,14 €/Min.)

ADAC im Internet:
www.adac.de
www.adac.de/reisefuehrer

Lanzarote im Internet:
www.spain.info
www.turismolanzarote.com

Spanisches Fremdenverkehrsamt
Prospekte und aktuelle Verzeichnisse
zu Unterkünften etc. erhält man beim
Spanischen Fremdenverkehrsamt

Deutschland
Kurfürstendamm 63, 10707 Berlin,
Tel. 030/882 65 43, Fax 030/882 66 61,
berlin@tourspain.es

Grafenberger Allee 100, 40237 Düsseldorf,
Tel. 0211/680 39 81, Fax 0211/680 39 85,
dusseldorf@tourspain.es

Myliusstr. 14, 60323 Frankfurt/M.,
Tel. 069/72 50 33, Fax 069/72 53 13,
frankfurt@tourspain.es

Postfach 151940, 80051 München,
Tel. 089/53 07 46 11/12, Fax 089/53 07 46 20,
munich@tourspain.es

Prospektbestellung in Deutschland:
Tel. 061 23/991 34, Fax 061/991 51 34

Österreich
Walfischgasse 8, 1010 Wien,
Tel. 01/512 95 80, Fax 01/512 95 81,
viena@tourspain.es

Schweiz
Seefeldstr. 19, 8008 Zürich,
Tel. 04 42 53 60 50, Fax 04 42 52 62 04,
zurich@tourspain.es

▮ Allgemeine Informationen

Reisedokumente

Für Reisende aus der Bundesrepublik
Deutschland, Österreich und der Schweiz
genügt ein gültiger Personalausweis
oder Reisepass bzw. Kinderausweis.

Kfz-Papiere

Führerschein, Fahrzeugschein und Internationale Grüne Versicherungskarte.

Krankenversicherung und Impfungen

Seit dem 1. Januar 2006 ist die Europäische Krankenversicherungskarte in die
übliche Versicherungskarte integriert. Sie
wird in ganz EU-Europa anerkannt und
garantiert die medizinische Versorgung.
Sicherheitshalber empfiehlt sich jedoch
der Abschluss einer zusätzlichen Reise-
kranken- und Rückholversicherung.

◁ *Für Abwechslung ist auf Lanzarote gesorgt –
ob beim Sonnenbaden, Surfen oder beim
Besuch einer Ermita, einer Prozession oder
des Kakteengartens bei Guatiza*

Für **Hunde und Katzen** ist bei Reisen innerhalb der EU ein gültiger, vom Tierarzt
ausgestellter EU Heimtierausweis vorge-
schrieben, ebenso Kennzeichnung durch
Mikrochip oder Tätowierung. Bis zum
Jahr 2011 gelten Übergangsregelungen.

Geld

Die gängigen *Kreditkarten* werden in
Banken, Hotels und zahlreichen Geschäften akzeptiert. An zahlreichen *EC-Geldau-
tomaten* kann man rund um die Uhr Geld
abheben. Auch mit der *Postbank Spar-
Card* erhält man an VISA-PLUS-Automa-
ten rund um die Uhr Geld.

Zollbestimmungen

Die Kanarischen Inseln und somit auch
Lanzarote sind **Freihandelszone** trotz An-
schluss an die EU. Im Preisvergleich lohnt
sich daher der Einkauf im Duty-free-Shop
meistens nicht. Ansonsten gelten die üblichen Richtlinien für die Ausfuhr von Waren zum eigenen Gebrauch wie für Nicht-
EU-Länder, d. h. es dürfen mitgeführt werden: 200 Zigaretten, 100 Zigarillos, 50 Zi-
garren oder 250 g Rauchtabak, 20 g Parfüm, 1 l Spirituosen über 22 % oder 2 l Spirituosen unter 22 %.

Enger Kontakt mit der ›Schwester‹ – gute Fährverbindungen gibt es zwischen den Kanaren-inseln Lanzarote und Fuerteventura

Tourismusämter auf der Insel

Aeropuerto de Lanzarote (Guacimeta), Terminal de Llegadas, s/n, 35550 San Bartolomé, Tel. 928 82 07 04, Fax 92 88 20 70, aeropuerto@cabildodelanzarote.com, Mo 10–24, Di 7.30–23.30, Mi 10–17, 20.30–23.30, Do 8–21.30, Fr 10–16.30, 20.30–24, Sa 7.30–21.30, So 7.30–13.30, 14.30–24 Uhr

Patronato de Turismo de Lanzarote, Blas Cabrera Felipe, s/n, 35500 Arrecife, Tel. 928 81 17 62, Fax 928 80 00 80, info@turismolanzarote.com, Juli–Sept. Mo–Fr 8–14 Uhr, Okt.–Juni Mo–Fr 8–15 Uhr

Weitere örtliche Tourismusbüros finden sich bei den Ortsbeschreibungen unter Praktische Hinweise.

Notrufnummern

Polizeinotruf (*Urgencia*): Tel. 112

Polizei (*Policía*): 928 81 23 50 (national), 928 81 13 17 (lokal)

Rotes Kreuz Tel. 928 81 22 22

Krankenhaus (Arrecife): Tel. 928 59 51 37 oder 928 59 50 88

ADAC-Notrufzentrale München: Tel. 00 49/89/22 22 22 (rund um die Uhr)

ADAC-Ambulanzdienst München: Tel. 00 49/89/76 76 76 (rund um die Uhr)

ADAC Notrufstation Spanien: Barcelona, Tel. 935 08 28 28 und Madrid Tel. 915 93 00 41 (ganzjährig)

Pannenhilfe des RACE, Reial Automòbil Club de España: Tel. 915 93 33 33

ÖAMTC Schutzbrief-Nothilfe: Tel. 00 43/(0)1/251 20 00

TCS Zentrale Hilfsstelle: Tel. 00 41/(0)224 17 22 20

Diplomatische Vertretungen

Deutsches Konsulat, Calle Albareda, 3–2°, 35007 Las Palmas de Gran Canaria, Gran Canaria, Tel. 928 49 18 80, Fax 928 26 27 31, www.las-palmas.diplo.de

Österreichisches Konsulat, Hotel Eugenia Victoria, Avenida de Gran Canaria 26, 35100 Playa del Inglés, Gran Canaria, Tel. 928 76 25 00, Fax 928 76 22 60

Schweizer Konsulat, Edificio Juan XXIII, Calle Domingo Rivero No 2/Juan XXIII, 35004 Las Palmas de Gran Canaria, Gran Canaria, Tel. 928 29 34 50, Fax 928 29 00 70, www.eda.admin.ch/spain

Besondere Verkehrsbestimmungen

Tempolimits (in km/h): Für Pkw, Motorräder und Wohnmobile bis 3,5 t gilt innerorts 50. Für Pkw und Motorräder gilt außerorts 90, auf Straßen mit mehr als einer Fahrspur in jeder Richtung und auf Schnellstraßen 100, auf Autobahnen 120. Für Pkw mit Anhänger gilt außerorts 70, auf Schnellstraßen und Autobahnen 80. Wohnmobile bis 3,5 t dürfen außerorts max. 80 fahren, auf Schnellstraßen 90 und auf Autobahnen 100. **Überholverbot** besteht 100 m vor Kuppen sowie auf Straßen, die nicht mindestens 200 m zu überblicken sind.

Abschleppen durch Privatfahrzeuge ist verboten. *Telefonieren* während der Fahrt ist nur mit einer Freisprecheinrichtung erlaubt. Grundsätzlich gilt die **Anschnallpflicht**, für Moped- und Motorradfahrten besteht **Sturzhelmpflicht**.

Die **Promillegrenze** liegt bei 0,5.

Blaue und gelbe Linien am Straßenrand bedeuten *eingeschränkte Parkmöglichkeit*.

Anreise

Flugzeug

Fast alle Besucher Lanzarotes reisen mit dem Flugzeug an. Charterflüge von Mitteleuropa aus werden ganzjährig direkt von den Fluggesellschaften bzw. den Reiseveranstaltern im Paket mit der Unterkunft angeboten, z. B. von LTU, Condor und TUIfly. Die Flugzeit ab Frankfurt/Main beträgt rund 4 Std.

Linienflüge: Mit Zwischenstopp in Madrid bzw. Barcelona fliegt die Iberia täglich ab Frankfurt, Düsseldorf und Hamburg nach Lanzarote, ab Berlin und München am Mo, Mi, Fr und So.

Der **Flughafen** liegt zwischen Arrecife und Puerto del Carmen, von wo die Chartergäste mit dem Bus abgeholt werden. Linienbusse (*guaguas*) fahren alle wichtigen Orte an. Auch Taxis (Festpreise bzw. Taxameter) gibt es genügend.

Von Lanzarote aus gibt es regelmäßige Flugverbindungen mit den anderen Kanaren. Für einen Besuch der kleinen westlichen Inseln muss man auf Gran Canaria oder Teneriffa umsteigen. Nach Gran Canaria gibt es täglich sieben Flüge (40 Min.), nach Teneriffa drei (50 Min.).

Es gelten folgende **Sicherheitsbestimmungen**: Flüssigkeiten im Handgepäck dürfen pro Flasche 100 ml nicht überschreiten und müssen in einem max. 1 l fassenden, transparenten Plastikbeutel vorgezeigt werden. Neue Mindestmaße für Handgepäck: 56x45x25 cm.

Schiff

Eine Anreise mit Schiff plus Pkw von Cadiz nach Lanzarote ist ebenfalls möglich. Für Informationen wende man sich an die Vertretung der Linie Trasmediterránea, die in Deutschland durch das **Deutsches Reisebüro (DER)**, in Österreich und der Schweiz durch den **ÖAMTC** wahrgenommen wird.

Ein **Passagierschiff** verkehrt Di, Do, Sa zwischen Lanzarote bzw. Fuerteventura und Las Palmas de Gran Canaria, Mo, Mi, Fr nimmt es den umgekehrten Weg. Die Fahrtzeit beträgt rund 13 Std.

Für einen Ausflug nach Fuerteventura (Corralejo) gibt es gute **Fährverbindungen** (›Lineas Fred. Olsen‹ und ›La Naviera Canaria‹) von Playa Blanca im Süden von Lanzarote. Wer das Mietauto mitnimmt, sollte vor der Fahrt unbedingt den Vertrag von der Leihfirma abstempeln lassen, damit der Versicherungsschutz auch für die Nachbarinsel gilt.

Bank, Post, Telefon

Bank

Die Banken sind im Allgemeinen Mo–Fr 9–14 Uhr geöffnet. An den Geldautomaten der Banken kann man problemlos Bargeld abheben.

Post

Postämter haben im Allgemeinen Mo–Fr 9–14.30, Sa 9.30–13, in Arrecife von 9–20, Sa 9.30–13 Uhr geöffnet.

Briefe und Postkarten auf das europäische Festland sind meist mehr als eine Woche unterwegs. Briefmarken (*Sellos*) bekommt man bei der Post, in Tabakläden (*Estancos*), beim Kauf von Postkarten am Kiosk und manchmal auch an der Hotelrezeption.

Die Briefkästen sind gelb lackiert mit einem roten Posthorn.

Telefon

Internationale Vorwahlen:
Spanien 00 34
Deutschland 00 49
Österreich 00 43
Schweiz 00 41

Designermäßig durchgestylt – Lanzarotes Telefonzellen sind ein echter Blickfang

Bei Gesprächen nach Deutschland, nach Österreich und in die Schweiz folgt die Ortskennzahl ohne die 0 und schließlich die Anschlussnummer.Die Inselvorwahl **928** muss als fester Bestandteil jeder Telefonnummer immer mitgewählt werden.

Wie überall auf der Welt ist das Telefonieren vom Hotelzimmer aus am teuersten. Preiswerter ist es vom Telefonamt bzw. von einer Telefonzelle aus, am einfachsten mit **Telefonkarten** der Gesellschaft *Telefonica*. Sie sind an Automaten, in Tabakläden und Bars oder beim Amt selber erhältlich.

Die Benutzung handelsüblicher **Mobiltelefone** ist auf den Kanaren möglich. Man sollte sich jedoch vor Reiseantritt über das günstigste Netz vor Ort informieren und das eigene Mobiltelefon entsprechend programmieren.

◼ Einkaufen

Öffnungszeiten

Im Allgemeinen sind Geschäfte Mo–Fr 9–13 und 17–20, Sa 9–13 Uhr geöffnet. In den Urlaubszentren bieten zahlreiche Läden durchgehende Öffnungszeiten.

Souvenirs

Der bedeutendste **Markt** (*mercadillo*) Lanzarotes ist der Sonntagsmarkt in Teguise, der allerdings meist sehr überlau-

Arrecife ist auch eine gute Einkaufsadresse

Puchero canario oder Cazuela de pescado – das ist hier die Frage

Die Küche Lanzarotes ist recht abwechslungsreich. Sie basiert auf bäuerlicher altkanarischer Tradition, wurde aber auch durch Essensgewohnheiten jener Nationen beeinflusst, deren Schiffe auf der Insel Zwischenstation zu machen pflegten.

Wie auf den anderen Kanarischen Inseln auch wird hier viel frisches Gemüse verwendet, vor allem beim fantasiereichen **Puchero canario**, ohne den der Speiseplan unvollkommen wäre. Es handelt sich um einen Eintopf aus Kichererbsen, Karotten, Zwiebeln, Stachelgurken (Chayotefrucht), grünen Bohnen, Kartoffeln, Süßkartoffeln (Bataten), Kürbis, Bubangos (den Zucchini ähnlich), Mais und Kohl. Hinzu kommt Rind-, Hammel-, Schweinefleisch oder Huhn, und als Würze dient eine pikante Blut- und Paprikawurst (z. B. Chorizo), seltener Speck und Rippe. Auf keinen Fall fehlen dürfen Knoblauch, Safran, Kreuzkümmel oder Petersilie. Begleitet wird der Puchero vom unentbehrlichen **Gofio**, Mehl aus geröstetem und gemahlenem Weizen und Mais. Oft kommt der Eintopf auch mit **Mojo**, einer scharfen Paprikasoße, oder, gewürzt mit Korianderkraut, als **Mojo verde** bzw. **Cilantro** auf den Tisch.

Eine ganz wichtige Rolle im täglichen Speiseplan spielen die **Kartoffeln** (Papas). Etwa 30 Sorten soll es insgesamt auf den Kanarischen Inseln geben. Für gute Köche sind aber nur zwei von Bedeutung: die **Bonita** und die **Negra** (die ›Schöne‹ und die ›Schwarze‹). **Papas arrugadas**, schwarze und kleine Runzelkartoffeln mit einer Salzkruste, kennt inzwischen wohl jeder Kanaren-Urlauber. Sie werden in Mojo eingetaucht und mit der Schale gegessen. Bei den rustikalen **Fleischgerichten** dominieren **Cabrito** (Zicklein) und

fen ist. Leider findet man dort auch kaum mehr typisches Kunsthandwerk.

Schönes **Kunsthandwerk** von der Insel wie Keramik, Korbflecht- oder Spitzenarbeiten findet man vor allem im Kunsthandwerkszentrum in Haría und am Hauptplatz von Teguise. Ein hübsches Mitbringsel ist auch der grüne **Olivin-**

Attraktiv arrangiert – ein Leckerbissen für Augen und Gaumen sind diese Köstlichkeiten aus dem Meer

Cordero (Lamm), immer reichlich mit Knoblauch gewürzt. Für die Schärfe sorgen Pfeffer und Paprika, grobes Meersalz darf nicht fehlen, an Kräutern werden Koriander, Thymian und Oregano bevorzugt.

Auf dem Land wird man in den Lokalen häufig Gebratenes bzw. Geröstetes oder Gegrilltes bekommen, seien es Schweine- oder Rindersteaks, Hähnchen, Koteletts, Zicklein, Lamm oder Kaninchen – oder eine Art Gulasch.

Menükarten gibt es selten, der Wirt informiert über das Angebot.

An den Küsten Lanzarotes bestimmen **Pescado** (Fisch) und **Mariscos** (Meeresfrüchte) die Küche. Besonders lecker schmecken etwa **Bacalao** (Stockfisch) mit Salzkartoffeln oder der gekochte und mit einem Schuss Olivenöl und Mojo verde servierte **Vieja** aus der Familie der Papageifische. Eine Köstlichkeit ist fast jeder frische Fisch, sei er nur kurz gebraten (a la plancha) oder in Öl ausgebacken (frito) – da braucht man kaum noch Gewürze und Kräuter. Gerne wird auch eine Platte mit diversen Fischen angeboten (Frito misto), die aber eher selten aus Frischfisch zubereitet ist.

Aufwendiger zuzubereiten und daher teurer ist die wunderbare **Cazuela de pescado**. Dieser Fischtopf wird in der einfachen Küche aus Kopf und Schwanz eines großen Fisches zubereitet und in einem Sud aus Zwiebeln, frischen Tomaten, Paprika, Olivenöl und Weißwein gekocht. Feinere Rezepte verlangen noch Scheiben von Brasse, Barsch und Kabeljau. **Caldo de pescado** heißt eine dünnere, doch sehr schmackhafte Fischsuppe.

Hervorragend ist der meist aus Ziegenmilch hergestellte **Käse** Lanzarotes.

Zum Essen sollte man einen kanarischen **Wein** bestellen. Am besten sind die Tropfen aus der Gegend um La Geria wie etwa der berühmte ›El Grifo‹. **Bier** gibt es natürlich auch. Keine Marke dieser Welt scheint auf der touristisch geprägten Insel zu fehlen.

Den **Nachtisch** lieben die Einheimischen gerne sehr süß. Eine besondere Spezialität, bestehend aus Mandelmus und cremigem Honig, ist **Bienmesabe**. Darüber hinaus kann man sich mit **Turrón**, einer Art Nougat, oder **Flan**, Vanillepudding mit Karamell, sowie frischem Obst und Eiscreme verwöhnen.

Schmuck, dessen Steine aber aus Asien und Südamerika stammen.

Auch **Kulinarisches** wird gern erstanden, beispielsweise Ziegenkäse, Gofio, das geröstete Mehl, und die scharfe Soße Mojo, mit Paprika in rot oder mit Korianderkraut in grün. All diese inseltypischen Köstlichkeiten erhält man in den Super-

märkten von Puerto del Carmen, Costa Teguise und natürlich in Arrecife, ebenso wie die hervorragenden **Lanzarote-Weine**, die man aber auch in den Bodegas an der Straße Uga–La Geria erstehen kann.

In den zahlreichen Galerien Lanzarotes finden **Kunstliebhaber** sicher eine Zeichnung, ein Aquarell oder ein Gemälde, das ihnen zusagt und sie an ihren Aufenthalt auf der Insel erinnern wird.

Preisgünstig erwerben kann man auch modische **Kleidung**, **Jeans** und **Schuhe**. **Zigaretten**, **Spirituosen** und **Parfüm** gibt es im Supermarkt wesentlich günstiger als am Flughafen, wo all diese Dinge um ein Drittel teurer sein können.

Essen und Trinken

Was heißt das?

Deftige Hausmannskost wird auf Lanzarote mit dem Schild **Comidas Caseras** angekündigt. **Piscolabis** sind hier die kalten und warmen Kleinigkeiten wie Tapas oder belegte Brötchen.

In einer **Casa de Comidas** gibt es etwas zu essen, auch wenn es manchmal nicht so aussieht, weil sich das eigentliche Lokal in einem Hinterzimmer befindet. Etwas feiner ausgestattet ist normalerweise ein **Comedor**, was Ess- oder Speiseraum bedeutet.

Essgewohnheiten der Lanzaroteños

Zum Frühstück trinken die Einheimischen in der nächsten **Bar** einen **Café**, der wie ein Espresso aussieht und häufig in einem kleinen Glas serviert wird. Mit ein wenig Milchschaum obendrauf wird er zum **Café cortado**, also einem ›gekürzten‹, mit einem Schuss Cognac zu einem **Carajillo**, was sittsame Frauen besser nicht bestellen sollten, weil es sich um ein unschönes spanisches Wort handelt.

Mittags und abends bieten Restaurants aller Kategorien mehrgängige Menüs an. Gut besucht vor allem zur Mittagszeit sind darüber hinaus die **Tapas-Bars**. Hier gibt es praktisch alles in winzigen Portionen (*Tapas*), als **Media ración**, halbe Portion, oder als **Ración** auf einem großen Teller. Die riesige Auswahl reicht von der warmen Tortilla – einer Art Quiche aus Kartoffeln mit Eiern –, über sauer eingelegte Sardinen, **Boquerones**, und Tintenfischsalat, **Ensalada de pulpos**, bis zum beliebten Russischen Salat, **Ensalada de mahonesa**, bestehend aus Wurzelgemüse, Erbsen, Eiern und Kartoffeln in viel Mayonnaise.

Rauchverbot

In öffentlichen Gebäuden herrscht Rauchverbot. In größeren Bars und Restaurants gibt es Nichtraucherzonen, bei kleineren Lokalen entscheiden die Besitzer, ob geraucht werden darf. Ist dies der Fall, ist Minderjährigen der Zutritt untersagt.

Feste und Feiern

Feiertage

1. Januar: Neujahr (*Año nuevo*), 6. Januar: Dreikönigsfest (*Los Reyes Magos*), März/April: Karfreitag (*Viernes Santo*). 1. Mai: Mai-Feiertag (*Fiesta del Trabajo*), 25. Juli: Sankt-Jakob-Tag (*Santiago*), 15. August: Mariä Himmelfahrt (*Asunción*), 12. Oktober: Nationalfeiertag, (Entdeckung Amerikas/*Día de la Hispanidad*), 1. November: Allerheiligen (*Todos los Santos*), 6. Dezember: Tag der Verfassung (*Día de la Constitución*), 8. Dezember: Mariä Empfängnis (*Inmaculada Concepción*), 25./26. Dezember: Weihnachten (*Navidad*).

Während der *Semana Santa*, der ›heiligen Woche‹ vor **Ostern**, und in der Woche danach finden religiöse Feierlichkeiten statt.

›Almacen de la Sal‹ – aus einem ehemaligen Salzlager wurde ein dekoratives Restaurant

Die meisten Geschäfte haben geschlossen, fast das gesamte Alltagsleben ruht.

Wer eines der zahlreichen Dorf- oder Patronatsfeste besuchen möchte, sollte sich gleich zu Beginn des Urlaubs nach den Terminen erkundigen. Hier eine Auswahl:

Feste

Januar

5.1.: Die Heiligen Drei Könige ziehen bei der *Cabalgada de los Reyes* auf Dromedaren durch Arrecife [Nr. 1].

Februar

Inselweiter *Karneval*, der in Arrecife eine ganze Woche dauert, und am Aschermittwoch mit dem Umzug ›Begräbnis der Sardine‹ endet. In Puerto del Carmen zieht die Karnevalsprozession erst am Samstag nach Karneval die Küste entlang. Auch in Teguise und Playa Blanca wird groß gefeiert.

Mai

24.5.: Patronatsfest der *María Auxiliadora* in Montaña Blanca.

Mai/Juni

Fronleichnam (*Día del Corpus Cristi*) in Arrecife und Haría, mit bunten Blumenteppichen auf den Straßen [Nr. 1 und 16].

Juni

13.6.: Patronatsfest für *San Antonio* in Güime bei San Bartolomé [Nr. 20].

24.6: Johannistag, Festlichkeiten für *San Juan Bautista* in Haría [Nr. 16].

29.6.: Patronatsfest für *San Pedro* in Máguez [Nr. 15].

Juli

7.7.: Patronatsfest für *San Marcial de Rubicón*, den Schutzpatron der Insel, in Femés [Nr. 33].

16.7.: Meist eine ganze Woche dauernde Festlichkeiten für *Nuestra Señora del Carmen* in Arrecife, Teguise, Puerto del Carmen und Famara. Große Meeresprozession auf der Insel La Graciosa [Nr. 12].

August

24.8.: Patronatsfest zu Ehren von *San Bartolomé* in San Bartolomé [Nr. 20].

25.8.: Patronatsfest zu Ehren des *San Ginés* in Arrecife [Nr. 1].

30.8.: Fest zu Ehren der *Santa Rosa* in Haría [Nr. 16].

September

8.9.: Fest zu Ehren der *Virgen de los Remedios* in Yaiza [Nr. 27].

9.9.: Fest zu Ehren der *Nuestra Señora del Socorro* in Tiagua [Nr. 22].

15.9.: Fest zu Ehren der *Virgen de los Volcanes* in Mancha Blanca [Nr. 25].

November

30.11.: Fest zu Ehren des *San Andrés* in Tao bei Tiagua [Nr. 22].

Dezember

4.12.: Fest zu Ehren der *Santa Barbara* in Máguez bei Haría [Nr. 16].

24.12.: *Rancho de Pascua* in Teguise, mit Folklore, Prozession, Mitternachtsmesse und Fiesta bis zum Morgen [Nr. 4].

Klima und Reisezeit

Lanzarote kann man das ganze Jahr über besuchen, es herrschen stets mittlere Temperaturen um 20 °C. Die Wassertemperaturen bewegen sich im Sommer um die 22 °C, im Winter um die 19 °C. Wegen der niedrigen Berge fällt nur wenig Regen zwischen Oktober und März. Die ausgeglichensten Urlaubsmonate sind März bis Juli. Die Insel steht ständig im Wind, deshalb Vorsicht: Wegen der Brise merkt man die starke Sonneneinstrahlung erst mit dem Sonnenbrand.

Klimadaten Arrecife

Monat	Luft (°C) min./max.	Wasser (°C)	Sonnen- std./Tag	Regen- tage
Januar	13 / 21	18	6	3
Februar	13 / 22	18	7	2
März	14 / 23	17	8	2
April	14 / 23	17	9	1
Mai	15 / 23	18	9	0
Juni	16 / 25	20	9	0
Juli	18 / 28	20	9	0
August	18 / 29	21	9	0
September	18 / 29	22	7	1
Oktober	19 / 27	22	7	1
November	16 / 25	20	6	4
Dezember	14 / 20	19	6	5

Kultur live

Wie auf den anderen Kanarischen Inseln wird auch auf Lanzarote in fast jedem Dorf die **Lucha Canaria**, die einheimische Form des Ringkampfs, gepflegt [s. S. 132].

Ein fairer Wettkampf

Im Sportteil der kanarischen Tageszeitungen nimmt die **Lucha Canaria** einen wichtigen Platz ein. Heute hat auch auf Lanzarote fast jedes Dorf seinen **Terrero**, die Arena für den kanarischen Ringkampf. Diese Sportart entwickelten die Altkanarier, die Guanchen. Anstatt sich noch wie ihre Vorfahren einzufetten, tragen die modernen **Luchadores** spezielle Kampfkleidung. Diese besteht aus einem reißfesten Hemd und einer Hose, deren Beine bis zum Oberschenkel hochgekrempelt sind. Diese Textilrolle ist der erste Griffpunkt für die beiden Gegner, dann geht es los: Es wird gezogen und gezerrt, gehoben und gedrückt, geschleudert und das Bein gestellt, was das Zeug hält. Fast alles ist erlaubt, nur der Kopf darf nicht in den Kampf einbezogen werden. Auch Schläge, Boxhiebe, Schwitzkastengriffe und Fußtritte sind verboten. **Ziel** ist es, den gegnerischen Luchador mit Kraft und Körpertricks auszuhebeln. Wer als erster mit einem Körperteil den Sand der Arena berührt, hat verloren.

Zu einem **Team** gehören zwölf Ringer, jeder tritt gegen jeden an und trägt dabei maximal drei Runden aus. Der von den Anfeuerungsrufen der begeisterten Zuschauer begleitete Wettbewerb dauert bis zu zwei Stunden.

Die Lucha Canaria wird meist am Wochenende ausgetragen, bei größeren Entscheidungen schon ab Donnerstag. Immer häufiger treten bei dieser ausgesprochen fairen Sportart auch **Damenteams** an. Über die Wettkämpfe können in fast jedem Dorf die Barbesitzer Auskunft geben.

November–März

Das große musikalische Ereignis ist das *Festival de Música Visual*. Wegen der guten Akustik finden die klassischen Konzerte und die Gitarrenkonzerte im Auditorio Jameos del Agua, den Lavahöhlen, statt. Auch in den übrigen Monaten gibt es dort ähnliche Veranstaltungen.

■ Nachtleben

Spielkasino

Casino de Lanzarote, Avenida de las Playas 12, Puerto del Carmen, Tel. 928 51 50 00, www.casinodelanzarote.com. Im einzigen Spielkasino der Inseln werden amerikanisches Roulette und Black Jack gespielt. Sein Glück versuchen kann man auch an den zahlreich vertretenen einarmigen Banditen. Der Spielautomatensaal ist tgl. 11–4 Uhr, der Spielsalon 20–4 Uhr, das Restaurant 21–2 Uhr geöffnet. Personalausweis erforderlich. Kein Krawattenzwang.

Nachtklubs und Diskotheken

Für Nachtschwärmer ist **Puerto del Carmen** [Nr. 37] das richtige Ziel. Am meisten los ist dort im **Centro Comercial Atlántico**. Die ›Szene‹ ändert sich allerdings in diesem Urlaubszentrum sehr schnell, Pubs und Klubs wechseln häufig Besitzer und Namen. Am längsten haben sich bisher gehalten:

American Hard Rock, Avenida de las Playas, bei den Rocas Blancas Apartments. Amerikanische Dekoration, nord- und mittelamerikanisches Essen (Steaks mit Maiskolben, Chili con carne), Musik ab den 1960er-Jahren aufwärts. Auch Männer-Shows.

Dreams Disco, Avenida de las Playas, im Centro Comercial Atlántico. Die Adresse für junges Publikum. Billard- und Dart-Salon.

Moonlight Bay, Centro Costa Mar. Eher gemütliche Alternative bei Musik der 1960er- und 70er-Jahre. Tanz, Shows und Restaurant.

Waikiki Beach Club, Avenida de las Playas, im Centro Comercial Atlántico. Hawaii-Stil, Terrasse an der Promenade, sanfte Musik, exotische Drinks.

▮ Sport

Drachenfliegen

Der ständige Wind auf Lanzarote ist ideal für Drachen- und Gleitschirmflieger. Absprungrampen mit Windmesser stehen im Norden bei Orzola und Mala, bei der Ermita de las Nieves, am Barranco Maramajo, Ladera de Melo, Morro Prieto, Montaña Chimia, Las Peñas, El Cuchillo und Zonzamas, im Süden bei La Degollada, auf dem Atalaya de Femés und auf der Montaña Tinasoria. Viele Drachenflugschulen im deutschsprachigen Raum bieten spezielle Reisen für Drachen- und Gleitschirmflieger nach Lanzarote an.

Golf

Der bisher einzige Golfplatz der Insel liegt am Rande von Costa Teguise: 18 Loch, Handicap für Herren 28, für Damen 36.

Costa Teguise Golf, Tel. 928 59 05 12, Fax 925.59.23.37, www.lanzarote-golf.com

Radfahren und Mountainbiking

Lanzarote gilt wegen seiner leicht steigenden Straßen als ideales Revier für Radfahrer. Viele Aktivurlauber bringen ihren Drahtesel selbst mit. Einige Verleiher organisieren auch geführte Touren:

Tommy's Mountain Bike, Goleta 16, hinter dem Hotel Galéon Playa, Costa Teguise, Tel. 928 59 23 27, www.tommys-bikes.com

Segeln und Surfen

Der ständige Passatwind bietet Seglern und Windsurfern das ganze Jahr über günstige Bedingungen. Folgende Schulen sind empfehlenswert:

Centro Bic Sport, Puerto del Carmen, Playa de Matagorda, Tel. 928 51 01 40

Club La Santa, Avenida Krogager s/n, Tinajo, Urbanización La Santa, Tel. 928 59 99 99, www.clublasanta.com.

Lanzarote Surf Company, Costa Teguise, unterhalb des Centro Mareta, Tel. 928 59 19 74

Gleitschirmsegeln über Lanzarote verspricht fantastische Perspektiven

Tauchen

Rund um Lanzarote gibt es gute Tauchreviere. Die meisten Tauchschulen befinden sich in den Touristenzentren Costa Teguise, Puerto del Carmen und in Playa Blanca im Süden sowie im Club La Santa im Norden.

Lanzarote Dive Service, Avenida de las Playas 35, Puerto del Carmen, Tel. 928 51 08 02, www.lanzarotedive.com

M.A. Scuba Diving S.L., Calle Juan Carlos I, 35 Local 1, Puerto del Carmen, Tel. 928 51 69 15, www.madiving.com

Atlantica-Tauchzentrum, Aparthotel Fariones Playa, Puerto del Carmen, Tel. 928 51 07 17, www.atlanticadiving.com

Barakuda Club, Playa de los Pocillos/Hotel La Geria, Puerto del Carmen, Tel. 928 51 27 65, www.pp-diving-center.de

Calipso Diving, Avenida de las Islas Canarias, Calipso Center, Costa Teguise, Local 3, Tel. 928 59 08 79

Centro de Buceo Cala Blanca, Centro Comerciál El Papagayo, Tel. 928 51 90 40, www.calablancasub.com

Club La Santa, Avenida Krogager s/n, Tinajo, Urbanización La Santa, Tel. 928 59 99 99, www.clublasanta.com

Tennis

Fast alle 4- und 5-Sterne-Hotels sowie große Apartmentanlagen verfügen über Tennisplätze.

Wandern

Lanzarote ist ein sehr abwechslungsreiches Wandergebiet. So kann man Touren durch die aufregend-bizarre dunkle Vulkanwelt unternehmen, auf grünen Pfaden durch das ›Tal der 1000 Palmen‹ streifen oder sich die Klippen des Famara-Gebiets erobern. Spezielle Tages- oder Wanderwochen kann man buchen über:

Alpinschule Innsbruck (ASI), In der Stille 1, 6161 Natters/Tirol, Tel. 05 12 54 60 60, Fax 05 12 54 60 01, www.asi.at

Centro de Visitantes, bei Mancha Blanca Richtung Timanfaya, Tel. 928 84 08 39. www.mma.es, Führungen in Französisch und Englisch durch die Vulkanlandschaft des Timanfaya. 4–5 Tage vorher anmelden.

Viajes Lanzacultura S. L., Tel. 928 84 52 10, Fax 928 84 54 92, www.lanzacultura.de, mit speziellem Vulkan-Programm, Anmeldungen über alle Agenturen der Reiseveranstalter.

◼ Statistik

Lage: Lanzarote, die nordöstlichste Insel des Kanarischen Archipels, erstreckt sich zwischen dem 14. und dem 13. westlichen Längengrad sowie zwischen dem 29. und dem 28. nördlichen Breitengrad, 115 km von der afrikanischen Küste entfernt.

Zeit: WEZ, also MEZ minus 1 Std.

Verwaltung: Lanzarote ist Teil der spanischen, weitgehend autonomen Region Las Canarias. Die Gesamtregion besteht aus zwei Provinzen, den Ost- und den Westkanaren. Lanzarote gehört zusammen mit Gran Canaria und Fuerteventura zur Ostprovinz mit der Provinzhauptstadt Las Palmas de Gran Canaria. Die Insel mit ihren kleinen, nördlich vorgelagerten Eilanden ist in sieben Gemeinden eingeteilt, die selbstständigen Verwaltungsbezirken (*Municipios*) entsprechen.

Fläche: 795 km². Die max. Länge der Insel beträgt 62 km, die Breite 21 km.

Bevölkerung: Rund 135 000 Einwohner. Nach vielen Auswanderungswellen in der Vergangenheit hat sich die Bevölkerungszahl dank der Arbeitsplätze im florierenden Tourismus inzwischen vor allem durch Zuzug vom spanischen Festland sogar deutlich erhöht.

Hauptstadt: Arrecife (55 000 Einw.).

Wirtschaft: Hauptwirtschaftszweig ist seit den 1970er-Jahren der Tourismus, gefolgt von der Landwirtschaft, die jedoch nur einen Bruchteil dessen produzieren kann, was die Einheimischen und die Gäste benötigen. Einen wichtigen Anteil an der Landwirtschaft hat die Ziegenhaltung, speziell die Ziegenkäse-Produktion. Und immer bekannter werden auch die Weine Lanzarotes.

◼ Unterkunft

Hotels und Apartments

Die meisten Hotels und Apartmentanlagen findet man in Puerto del Carmen, in Costa Teguise und im ruhigeren Playa Blanca im Süden. Dort dominieren große Anlagen, wohingegen Pensionen selten und Privatzimmer noch seltener sind.

Man kann davon ausgehen, dass auf Lanzarote die meisten Hotels über Reiseveranstalter angeboten werden. Wer selbstständig buchen möchte, wird in der Regel mit höheren Preisen rechnen müssen.

Die Infrastruktur der Hotellerie ist sehr gut, d. h. Urlauber finden in jeder Kategorie bzw. Preisklasse ein passendes Quartier.

Ferien auf dem Lande

Allmählich entwickelt sich auch auf Lanzarote der **Turismo Rural**, Urlaub auf Landgütern, die größtenteils zu Hotels umgebaut wurden.

Ferienwohnungen auf dem Land vermittelt:

La Tiñosa Viajes, Calle Jameos 9, Puerto del Carmen, Tel. 928 51 22 49, Fax 928 51 34 49, www.latiniosa.com.

Landurlaub für Pferdenarren bietet:

Lanzarote a Caballo, Carretera Arrecife-Yaiza km 17, Tel. 928 83 03 14, Fax 928 81 39 95, www.alturin.com

■ Verkehrsmittel im Land

Bus

Busse (*guaguas*) zählen zu den Hauptverkehrsmitteln der Urlauber. Von den Touristenzentren aus, vor allem ab Puerto del Carmen und Costa Teguise, bestehen gute Verbindungen nach Arrecife. Von dort gibt es Anschlüsse nach Yaiza, Tinajo und Haría. Die Haltestellen (*paradas de autobuses*) erkennt man an der auf den Asphalt gepinselten Aufschrift BUS.

Mietwagen

Der Führerschein muss mindestens ein Jahr alt, der Fahrer über 21 Jahre sein. Autos aller Klassen erhält man am Flughafen zwischen Arrecife und Puerto del Carmen und in den Urlaubszentren. Es empfiehlt sich ein Preisvergleich, da manche Firmen zwar einen hohen Tagessatz verlangen, dieser jedoch Haftpflichtversicherung, Vollkasko, Insassenversicherung und Mehrwertsteuer beinhaltet. Bei günstigeren Tagessätzen kommen diese Kosten hingegen meist noch hinzu.

Grundsätzlich sollte vor Vertragsabschluss das Reifenprofil geprüft werden. Und wer auf Nummer sicher gehen will, unternehme eine kurze Probefahrt. Das Fahrzeug wird häufig mit fast leerem Tank übergeben, sodass man sich zuerst mit Benzin versorgen muss. Also unbedingt den Stand der Tankanzeige auf dem Vertrag vermerken lassen, sonst zahlt man möglicherweise bei der Rückgabe drauf. Achtung: Viele Tankstellen sind an Sonn- und Feiertagen geschlossen.

ADAC-Mitglieder können über die ADAC-Geschäftsstellen oder unter Tel. 018 05/31 81 81 (0,14 €/Anruf) preisgünstiger ein Auto vorbuchen. Umfangreiches **Informations-** und **Kartenmaterial** können Mitglieder des ADAC in Deutschland kostenlos unter Tel. 018 05/10 11 12 (0,14 €/Min.) anfordern. Im ADAC Verlag ist die Urlaubskarte *Kanarische Inseln* (1 : 150 000) erschienen (www.adac.de/karten).

Taxi

Es kostet nicht viel, auf Lanzarote ein Taxi zu mieten. Die Wagen fahren mit Taxameter, oder man handelt bei längeren Touren einen Pauschalpreis aus.

Zu den zauberhaftesten Unterkünften der Insel zählt das Hotel Finca de las Salinas in Yaiza

Sprachführer
Spanisch für die Reise

■ Das Wichtigste in Kürze

Ja/Nein	sí/no
Bitte/Danke	por favor/gracias
In Ordnung!/	¡Está bien!/
Einverstanden!	¡De acuerdo!
Entschuldigung!	¡Perdón!
Wie bitte?	¿Cómo dice/dices?
Ich verstehe Sie nicht.	No le entiendo.
Ich spreche nur	Hablo sólo un poco
wenig Spanisch.	de español.
Können Sie mir	¿Puede ayudarme,
bitte helfen?	por favor?
Das gefällt mir (nicht).	(No) Me gusta.
Ich möchte ...	Quisiera ...
Haben Sie ...?	¿Tiene Usted ...?
Gibt es ...?	¿Hay ...?
Wie viel kostet das?	¿Cuánto cuesta?
Wie teuer ist ...?	¿Qué precio tiene ...?
Kann ich mit Kredit-	¿Puedo pagar con la
karte bezahlen?	tarjeta de crédito?
Wie viel Uhr ist es?	¿Qué hora es?
Guten Morgen!	¡Buenos días!
Guten Tag!	¡Buenos días!/
	¡Buenas tardes!
Guten Abend!	¡Buenas tardes!
Gute Nacht!	¡Buenas noches!
Hallo!/Grüß Dich!	¡Hola!/¿Qué tal?
Mein Name ist ...	Me llamo ...
Wie ist Ihr Name, bitte?	¿Cómo se llama
	Usted, por favor?
Wie geht es Ihnen?	¿Qué tal está Usted?
Auf Wiedersehen!	¡Adiós!
Tschüs!	¡Hasta luego!

■ Zahlen

0	zero	19	diecinueve
1	uno	20	veinte
2	dos	21	veintiuno, -a
3	tres	22	veintidós
4	cuatro	30	treinta
5	cinco	40	cuarenta
6	seis	50	cincuenta
7	siete	60	sesenta
8	ocho	70	setenta
9	nueve	80	ochenta
10	diez	90	noventa
11	once	100	cien, ciento
12	doce	200	doscientos, as
13	trece	1000	mil
14	catorce	2000	dos mil
15	quince	10 000	diez mil
16	dieciséis	1000 000	un millón
17	diecisiete	½	medio
18	dieciocho	¼	un cuarto

Bis bald!	¡Hasta pronto!
Bis morgen!	¡Hasta mañana!
gestern/heute/morgen	ayer/hoy/mañana
am Vormittag/	por la mañana/
Nachmittag	por la tarde
am Abend/	por la tarde/
in der Nacht	por la noche
um 1 Uhr/2 Uhr usw.	a la una/a las dos ...
um ... Uhr 30	a la/las ... y media
Minute(n)/Stunde(n)	minuto(s)/hora(s)
Tag(e)/Woche(n)	día(s)/semana(s)
Monat(e)/Jahr(e)	mes(es)/año(s)

■ Wochentage

Montag	lunes
Dienstag	martes
Mittwoch	miércoles
Donnerstag	jueves
Freitag	viernes
Samstag	sábado
Sonntag	domingo

■ Monate

Januar	enero
Februar	febrero
März	marzo
April	abril
Mai	mayo
Juni	junio
Juli	julio
August	agosto
September	septiembre
Oktober	octubre
November	noviembre
Dezember	diciembre

■ Maße

Kilometer	kilómetro(s)
Meter	metro(s)
Zentimeter	centímetro(s)
Kilogramm	kilogramo(s)
Pfund	medio kilo
Gramm	gramo(s)
Liter	litro(s)

■ Unterwegs

Nord/Süd/West/Ost	norte/sur/oeste/este
oben/unten	arriba/abajo
geöffnet/geschlossen	abierto/cerrado
geradeaus/	derecho/
links/	a la izquierda/
rechts/	a la derecha/
zurück	atrás

nah/weit	cerca/lejos
Wie weit ist das?	¿A qué distancia está?
Wo sind die Toiletten?	¿Dónde están los aseos?
Bitte, wo ist die (der) nächste ...	Por favor, ¿dónde está ...
Telefonzelle/	la cabina telefónica/
Bank/Polizei/	el banco/la policía/
Post/	el correo/
Geldautomat?	el cajero automático más cerca?
Wo ist ...	¿Dónde está ...
der Hauptbahnhof/	la estación central/
die Busstation/	la estación autobus/
der Flughafen?	el aeropuerto?
Wo finde ich ...	¿Dónde está ...
eine Apotheke/	una farmacia/
eine Bäckerei/	una panadería/
Fotoartikel/	los artículos fotográficos/
ein Kaufhaus/	unos grandes almacenes/
ein Lebensmittel-geschäft/	un supermercado/
den Markt?	el mercado?
Ist das der Weg/	¿Es éste el camino/
die Straße nach ...?	la carretera a ...?
Ich möchte mit ...	Quisiera ir en ...
dem Zug/dem Schiff/	tren/barco/
der Fähre/	ferry/
dem Flugzeug	avión
nach ... fahren.	a ...
Gilt dieser Preis für Hin- und Rückfahrt?	¿Es el precio de ida y vuelta?
Wie lange gilt das Ticket?	¿Hasta cuándo está válido el billete?
Wo ist das Fremdenverkehrsamt/	¿Dónde está la oficina de turismo/
ein Reisebüro?	una agencia de viajes?
Ich benötige eine Hotelunterkunft	Necesito una habitación en un hotel.
Wo kann ich mein Gepäck lassen?	¿Dónde puedo dejar mi equipaje?
Ich habe meinen Koffer verloren.	He perdido mi maleta.

Zoll, Polizei

Hier ist die Kaufbescheinigung.	Aquí está el recibo de compra.
Hier ist mein(e) ...	Aquí está mi ...
Pass/	pasaporte/
Personalausweis/	carnet de identidad/
Kfz-Schein/	los documentos del vehículo/
Grüne Versicherungskarte.	la Carta Verde.
Ich fahre nach ...	Voy a ...
und bleibe ...	y me quedo ...
Tage/Wochen.	días/semanas.
Ich möchte eine Anzeige erstatten	Quisiera hacer una denuncia.

Man hat mir ...	Me han robado ...
Geld/die Tasche/	dinero/el bolso/
die Papiere/	los documentos/
die Schlüssel/	las llaves/
den Fotoapparat/	la cámara/
den Koffer/	la maleta/
das Fahrrad gestohlen.	la bicicleta.
Verständigen Sie bitte das Deutsche Konsulat.	Por favor, informe al Consulado Alemán.

Freizeit

Ich möchte ein ...	Quisiera alquilar ...
Fahrrad/	una bicicleta/
Motorrad/	una motocicleta/
Surfbrett/	una tabla de surf/
Mountainbike/	un mountain bike/
Boot/Pferd mieten.	un barco/un caballo.
Gibt es ein(en) ...	¿Hay en la cercanía ...
Freizeitpark/	un parque de atracciones/
Freibad/	una piscina pública/
Golfplatz in der Nähe?	un campo de golf?
Wo ist die nächste Bademöglichkeit?	¿Dónde hay una posibilidad de bañarse?
Wo liegt der nächste Strand?	¿Dónde está la playa más cerca?
Wann hat ... geöffnet?	¿Qué horario tiene ...?

Bank, Post, Telefon

Brauchen Sie meinen Ausweis?	¿Necesita Usted mi carnet de identidad?
Wo soll ich unterschreiben?	¿Dónde tengo que firmar?
Ich möchte eine Telefonverbindung nach ...	Quisiera una linea telefónica con ...
Wie lautet die Vorwahl für ...?	¿Cómo es el prefijo de…?
Wo gibt es ...	¿Dónde puedo conseguir ...
Münzen für den Fernsprecher/	monedas/
Telefonkarten/	tarjetas para el teléfono/
Briefmarken?	sellos?

Tankstelle

Wo ist die nächste Tankstelle?	¿Dónde está la gasolinera más cerca?
Ich möchte ... Liter ...	Quisiera ... litros de ...
Super/Diesel	gasolina super/diesel
bleifrei/	gasolina sin plomo/
verbleit.	con plomo.
Volltanken, bitte!	¡Lleno, por favor!
Bitte prüfen Sie ...	Controle por favor ...
den Reifendruck/	la presión de los neumáticos/

den Ölstand/	el nivel del aceite/
den Wasserstand/	el nivel del agua/
das Wasser für die	el agua para
Scheibenwischanlage/	el lavaparabrisas/
die Batterie.	la batería.
Würden Sie bitte ...	¿Podría ...
den Ölwechsel	cambiar el aceite/
vornehmen/	
den Radwechsel	cambiar la rueda/
vornehmen/	
die Sicherung	cambiar el fusible/
austauschen/	
die Zündkerzen	cambiar las bujías/
erneuern/	
die Zündung	ajustar el
nachstellen/	encendido/
den Wagen waschen?	lavar el coche?

Panne

Ich habe eine Panne.	Tengo una avería.
Der Motor startet nicht.	El motor no arranca.
Ich habe die Schlüssel	Dejé las llaves en
im Wagen gelassen.	el coche.
Ich habe kein	No tengo
Benzin/Diesel.	gasolina/diesel.
Gibt es hier in der	¿Hay algún taller por
Nähe eine Werkstatt?	aquí cerca?
Können Sie den Wagen	¿Puede Usted reparar
reparieren?	el coche?
Bis wann?	¿Para cuándo?

Mietwagen

Ich möchte ein Auto	Quisiera alquilar un
mieten.	coche.
Was kostet die	¿Cuánto cuesta el
pro Tag/pro Woche/	por día/por semana/
mit unbegrenzter	con kilometraje
km-Zahl/	ilimitado/
mit Kaskoversicherung/	con seguro ›casco‹/
mit Kaution?	con depósito?
Wo kann ich den	¿Dónde puedo
Wagen zurückgeben?	devolver el coche?

Unfall

Hilfe!	¡Ayuda!/¡Socorro!
Achtung!/Vorsicht!	¡Atención!/¡Cuidado!
Rufen Sie bitte	Por favor, llame
schnell ...	en seguida ...
einen Krankenwagen/	una ambulancia/
die Polizei/	a la policía/
die Feuerwehr.	a los bomberos.
Es war (nicht) meine	(No) Fue
Schuld.	culpa mía.
Geben Sie mir bitte	Por favor, darme su
Ihren Namen und	nombre y
Ihre Adresse.	dirección.
Ich brauche die	Necesito
Angaben zu Ihrer	los datos de
Autoversicherung.	su seguro.

Krankheit

Können Sie mir	¿Puede recomen-
einen guten Deutsch	darme un buen
sprechenden Arzt/	médico/dentista
Zahnarzt empfehlen?	que hable alemán?
Wann hat er	¿A qué hora tiene
Sprechstunde?	su consulta?
Wo ist die nächste	¿Dónde está la far-
Apotheke?	macia más próxima?
Ich brauche ein Mittel	Necesito un medi-
gegen ...	camento contra ...
Durchfall/	la diarrea/
Halsschmerzen/	dolor de garganta/
Fieber/	la fiebre/
Insektenstiche/	las picaduras de
	insectos/
Verstopfung/	el constipado/
Zahnschmerzen.	dolor de muelas.

Im Hotel

Können Sie mir	¿Podría recomen-
ein Hotel/eine	darme un hotel/
Pension empfehlen?	una pensión?
Ich habe bei Ihnen	He reservado aquí
ein Zimmer reserviert.	una habitación.
Haben Sie ...	¿Tiene Usted ...
ein Einzel-/	una habitación
	individual/
Doppelzimmer ...	doble ...
mit Bad/Dusche/	con baño/ducha/
für eine Nacht/	para una noche/
für eine Woche/	para una semana/
mit Blick aufs Meer?	con vista al mar?
Was kostet das Zimmer	¿Cuánto cuesta la
mit ...	habitación con ...
Frühstück/	desayuno/
Halbpension/	media pensión/
Vollpension?	pensión completa?

Hinweise zur Aussprache

c	vor ›a, o, u‹ wie ›k‹,
	Bsp.: casa, caja
c	vor ›e‹ und ›i‹ ähnlich dem
	englischen ›th‹, Bsp.: gracias
ch	wie ›tsch‹, Bsp.: leche
g	vor ›e‹ und ›i‹ wie ›ch‹,
	Bsp.: gente
gue, gui	wie ›ge, gi‹ ,also mit stummem
	›u‹, Bsp.: guitarra, guiso
h	ist immer stumm
j	wie ›ch‹, Bsp.: jamón
ll	wie ›lj‹, Bsp.: tortilla
ñ	wie ›nj‹, Bsp.: niño
que, qui	wie ›ke, ki‹, also mit stummem
	›u‹, Bsp.: queso
v	wie ›b‹, Bsp.: vía, vino
z	ähnlich dem englischen ›th‹,
	Bsp.: tenaz

Wie lange gibt es Frühstück?	¿Hasta qué hora se sirve el desayuno?
Ich möchte um ... geweckt werden.	Quisiera que me despierten a la(s) ...
Ich reise heute Abend/ morgen früh ab.	Saldré esta noche/ mañana temprano.
Haben Sie ein Faxgerät/ Hotelsafe?	¿Tiene un fax/ una caja fuerte?
Nehmen Sie Kreditkarten an?	¿Acepta tarjetas de crédito?
Kann ich Geld wechseln?	¿Puedo cambiar dinero?

◼ Im Restaurant

Wo gibt es ein gutes Restaurant/ ein günstiges Restaurant?	¿Dónde hay un buen restaurante/ un restaurante economico?
Die Speisekarte/ Getränkekarte, bitte.	¡La carta/ la lista de bebidas, por favor!
Welches Gericht können Sie besonders empfehlen?	¿Qué plato puede Usted recomendarme especialmente?
Ich möchte das Tagesgericht/ Menü (zu ...)	Quisiera el plato del día/ el menú (de ...).
Ich möchte nur eine Kleinigkeit essen.	Quisiera comer poca cosa.
Haben Sie vegetarische Gerichte?	¿Hay platos vegetarianos?
Haben Sie offenen Wein?	¿Hay un vino de la casa?
Welche alkoholfreien Getränke haben Sie?	¿Qué bebidas sin alcohol tiene?
Haben Sie Mineralwasser mit/ ohne Kohlensäure?	¿Tiene agua mineral con/sin gas?
Das Steak bitte ... englisch/ medium/ durchgebraten.	El bistec ... casi crudo/ medio/ bien hecho, por favor.
Können Sie mir bitte ... ein Messer/ eine Gabel/ einen Löffel geben?	Por favor, ¿puede darme ... un cuchillo/ un tenedor/ una cuchara?
Darf man rauchen?	¿Puedo fumar?
Die Rechnung, bitte/ Bezahlen, bitte!	¡La cuenta, por favor!

◼ Essen und Trinken

Abendessen	cena
Ananas	piña
Apfel	manzana
Aubergine	berenjena
Banane	plátano
Bier	cerveza
Birne	pera
Blutwurst	morcilla
Braten	asado
Brot/Brötchen/Toast	pan/panecillo/tostada
Butter	mantequilla
Ei	huevo
Eintopf	cocido
Eiscreme	helado
Erdbeere	fresa
Espresso	café solo
Espresso mit Milch	cortado
Essig	vinagre
Fisch	pescado
Flasche	botella
Fleisch	carne
Fruchtsaft	zumo de frutas
Frühstück	desayuno
Geflügel	aves
Gemüse	verdura
Glas	copa/vaso
Gurke	pepino
Huhn	pollo
Hummer	bogavante
Kalbfleisch	carne de ternera
Kaninchen	conejo
Karamelpudding	flan
Kartoffeln	patatas
Käse	queso
Krug/Karaffe	jarra
Meeresfrüchte	mariscos
Milch	leche
Milchkaffee	café con leche
Mineralwasser	agua mineral
Mittagessen	almuerzo
Nachspeisen	postres
Öl	aceite
Oliven	aceitunas
Orangensaft (frisch gepresst)	zumo (natural) de naranja
Pfeffer	pimienta
Pflaumen	ciruelas
Pilze	hongos/setas
Reis	arroz
Rindfleisch	carne de vaca
Salat	ensalada
Salz	sal
Schinken	jamón
Schweinefleisch	carne de cerdo
Suppe	sopa
Süßigkeiten	dulces
Tee	té
Thunfisch	atún
Vorspeisen	entremeses
Wassermelone	sandía
Wein Weiß-/ Rot-/ Rosé-Wein	vino ... blanco/ tinto/ rosado
Weinschorle	tinto de verano
Weintrauben	uvas
Zucker	azúcar

ADAC Reiseführer in Top-Qualität. Pro Band 300–600 Sehenswürdigkeiten, 140–180 farbige Abbildungen und rund 40 TOP TIPPS.

ADAC Reiseführer plus kombinieren Top-Reiseführer mit perfekten CityPlänen, Länder-Karten oder UrlaubsKarten. Kompakt und komplett im praktischen Klarsicht-Set!

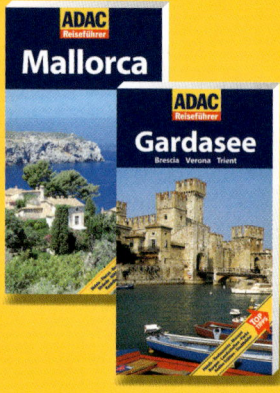

Lieferbare Titel:

Lieferbare Titel:

Mehr erleben, besser reisen.

Register

Impressum

Redaktionsleitung: Dr. Dagmar Walden
Lektorat und Bildredaktion:
Cornelia Greiner, München
Aktualisierung: Astrid Rohmfeld
Karten: Astrid Fischer-Leitl, München
Herstellung: Martina Baur
Druck, Bindung: Firmengruppe APPL, sellier druck, Freising
Printed in Germany

Ansprechpartner für den Anzeigenverkauf:
Kommunalverlag GmbH & Co KG,
MediaCenterMünchen, Tel. 089/92 80 96-44

ISBN 978-3-89905-470-5
ISBN 978-3-89905-545-0 Reiseführer Plus

Gedruckt auf chlorfrei gebleichtem Papier

Neu bearbeitete Auflage 2007
© ADAC Verlag GmbH, München
© der abgebildeten Werke von César Manrique bei VG-Bild-Kunst, Bonn 2007

Bildnachweis

Umschlag-Vorderseite: Im ›Tal der 1000 Palmen‹ zeigt sich Lanzarote von seiner grünen Seite. *Foto: Thomas Peter Widmann, Regensburg*
Umschlag-Vorderseite Reiseführer Plus: Inselgeschichte mit ›männlicher‹ Mühle veranschaulicht das Museo Agricola El Patio in Tiagua. *Foto: Bildagentur Huber, Garmisch-Partenkirchen (R. Schmid)*

Titelseite
Oben: Prachtvolle historische Architektur – San Miguel in Teguise (Wh. von S. 38 oben)
Mitte: Faszinierende Vulkanlandschaft – Feuerberg Timanfaya (Wh. von S. 84)
Unten: Herrliche Badefreuden – Sandstrand von Puerto del Carmen (Wh. von S. 122/123)

Außer den nachstehend aufgeführten stammen alle Abbildungen von *Gottfried Aigner, München*
AKG, Berlin: 13 oben – *Club La Santa, Hamburg:* 93 oben (Átila Sbruzzi) – *Franz Marc Frei, München:* 11 (2), 46, 58, 100 unten, 102 unten, 112, 113, 124 oben rechts – *Hartmut Friedrichsmeier, Hamburg:* S. 133 (Reinhard Janke) – *Huber, Garmisch-Partenkirchen:* 8/9, 22/23, 38 Mitte, 42, 48 Mitte, 90, 111, 121, 122/123 (Schmid) – *laif, Köln:* 51, 52/53, 78/79, 102 oben, 120 (Hedda Eid) – *LOOK, München:* 6 (Jürgen Richter), 114 (Hauke Dressler), 116/117 (Jürgen Richter) – *Hans Georg Roth, Frankfurt/Main:* 15 unten, 72/73, 74/75, 100 oben – *Paul Schäfer, Hamburg:* 48 unten, 60/61, 82/83, 83 unten, 86/87, 91, 104 oben – *Hubert Stadler, Fürstenfeldbruck:* 77 – *Süddeutscher Verlag, DIZ, München:* 14 (2), 15 oben – *Thomas Peter Widmann, Regensburg:* 88 – *LanzaRed S.L., Lanzarote:* 19 oben – *Sol Melia Hotels & Resorts, Frankfurt:* 32 – *Ernst Wrba, Wiesbaden:* 7 oben, 21 unten, 22 unten, 30/31, 31 unten, 33, 35, 38 oben und unten, 40/41, 44, 45, 56, 69, 70, 70/71, 79 unten, 81, 87, 96 unten, 106 unten, 106/107, 108, 115, 124 oben links

Reisen mit Lust und Laune.

Die Reisemagazine
vom ADAC
gibt es für Städte,
Länder und
Regionen.

Alle zwei Monate
neu.